Knaur

Astrid Schobert

W0058465

Was ist Bio und was nicht?

So erkennen Sie echte Qualität

www.knaur-ratgeber.de

Herzlich willkommen auf einer Reise durch den Biodschungel!

Früher, da war alles so einfach: Bioprodukte fand man im Bioladen, wo man auch auf Gleichgesinnte aus der Ökoszene traf. Inzwischen sind die Zeiten der typischen Ökofreaks in selbst gestrickten Pullovern und Jesuslatschen lange vorbei. Fast unbemerkt ist die Bioszene in die Mauser gekommen und hat ihr Müsli-Image abgelegt. »Bio« steht inzwischen für hochwertige Lebensmittel, bei denen Genuss und Gesundheit im Vordergrund stehen. Schick verpackt und modern präsentiert – so findet man Bio heute im Supermarktregal oder beim Discounter.

Über 40 000 Produkte tragen inzwischen das staatliche grüne Biosiegel, und es werden täglich mehr. Daneben tummeln sich auch die Biomarken der Handelsketten (etwa BioBio, BioWertkost, Naturkind) und der traditionellen Anbauverbände (z. B. Bioland, Demeter, Naturland). Verdichtet wird der Biodschungel noch durch Handelsmarken der Hersteller (wie Alnatura, Rapunzel, Provamel).

Der Aufschwung von Bio wäre niemals möglich gewesen, wenn man uns Verbrauchern den Appetit auf Billigfutter nicht so richtig verdorben hätte: Pestizide im Gemüse, gepantschter Wein, Antibiotika und Hormone im Fleisch und der endlose Gammelfleischskandal haben das Vertrauen in unsere Lebensmittel erschüttert. In solchen Krisenzeiten ist Bio dann oft die einzige Alternative. Allein das BSE-Drama ließ die Nachfrage nach Bio um 30 Prozent steigen. Getreu dem Motto: »Ein gutes Gewissen kann man nicht kaufen, aber man kann durchaus mit gutem Gewissen einkaufen« greifen immer mehr Deutsche zu Bioprodukten. Schon lange übersteigt die deutsche Bionachfrage die heimische Produktion.

Bio kommt immer öfter aus dem Ausland und legt weite Wege zurück. Da stellt sich die Frage, ob das noch wirklich biologisch erzeugte Lebensmittel sind? Wie sehen die Kontrollen im Ausland überhaupt aus? Wie steht es um die Ökobilanz, wenn Bio weit gereist ist? Aber auch die neuen Vermarktungsformen geben immer wieder

Anlass zu Diskussionen. Nach der »Geiz-ist-geil-Mentalität« setzen plötzlich auch Discounter wie Aldi, Lidl oder Penny auf Bio. Denn am Bioboom wollen alle verdienen – und das, nachdem sich gerade die Discounter jahrelang in einem radikalen Preiskrieg mit billigen Lebensmitteln gegenseitig unterboten haben. Konventionelle Lebensmittel sind durch Massenproduktion und intensive Landwirtschaft ständig billiger geworden. Trotzdem setzt sich Bio mit höheren Preisen am Markt immer mehr durch. Die Vorstellung von fröhlich gackernden Hühnern und wohlig grunzenden Schweinchen zwischen Klee und Löwenzahn lässt die Verbraucher tiefer in die Tasche greifen. Existiert diese heile Welt aber wirklich beim Biobauern? Woher kommen die Massen an Bioprodukten so plötzlich? Wie werden Bioprodukte verarbeitet? Treten hier vielleicht auch Gesundheitsgefahren auf? Denn schließlich verzichten Bioprodukte auf eine Vielzahl an Zusatzstoffen wie etwa Konservierungsmittel, die konventionelle Lebensmittel angeblich so sicher machen. Fragen über Fragen, die Verbraucher auch beim Biokauf immer wieder verunsichern.

Gibt es bei Bioprodukten vielleicht sogar eine Zwei-Klassen-Qualität? Ist Bio auch etwas für den kleinen Geldbeutel? Was sagt die Wissenschaft eigentlich zu Bioqualitäten? Wie unterstütze ich die Umwelt und den Tierschutz durch meinen Bioeinkauf?

Die Zeit ist einfach reif für einen Ratgeber, der sich ganz nah an der Praxis mit der Qualität von Bio beschäftigt. Denn sicher wollen Sie ganz genau wissen: Was ist Bio und was nicht? Mit diesem Ratgeber erhalten Sie viele Informationen rund um die Bioszene in Deutschland: ein gutes Gefühl beim Stöbern im Biodschungel zwischen Hofladen, Biomarkt und Discounter.

Ich widme dieses Buch meinem Vater, Erhard Ziegeweidt (†), der sich als Förster in der Eifel schon vor vielen Jahren stets für den ökologischen Waldbau einsetzte.

Astrid Schobert

Diplom-Oecotrophologin
Bonn, den 1. Februar 2008

1 Bio ist auf dem Vormarsch

Bio ist heute in aller Munde. Auch Feinschmecker und Spitzenköche setzen immer häufiger auf Biolebensmittel. In Sachen Geschmack und Image scheint Bio wirklich die Nase vorne zu haben. Dabei sind wir Deutschen mal wieder Spitzenreiter, diesmal in Sachen Bionachfrage. Die deutschen Bauern können den Biohunger im Land schon lange nicht mehr stillen. Immer mehr Bio kommt aus dem Ausland. Dabei kann jeder durch den Kauf biologischer Lebensmittel aus seiner Region einen wesentlichen Beitrag zum Umweltschutz vor der eigenen Haustür leisten.

Warum Bio plötzlich boomt

Der Biomarkt boomt in Deutschland, und das ist nicht zuletzt eine Folge der zahlreichen Lebensmittelskandale: Die Bilder von Rindern im Wahn, elend verendetem Geflügel und unwürdigen Tiertransporten haben sich in das Gedächtnis der Verbraucher eingebrannt. Dann waren da noch Rückstände in Obst und Gemüse, gepanschter Wein und der endlose Skandal um »Gammelfleisch«.

Genutzt hat dieser ständige Betrug am Verbraucher den Herstellern und Händlern von Biowaren. Der Appetit auf gesunde, natürlich erzeugte Lebensmittel nimmt rapide zu: Bei 20 Prozent lag die Umsatzsteigerung für Bio im Jahr 2006. Ökologisch erzeugte Lebensmittel führen schon lange kein Nischendasein mehr.

Öko – erschwinglich für jedermann

Seit den 1990er Jahren erlebt der Ökomarkt einen enormen Schub. Ökologisch wirtschaftende Bauern gelten nicht mehr als romantische Spinner. Doch nicht nur die verstärkte Nachfrage von Verbraucherseite ist dafür ausschlaggebend, sondern vor allem auch die staatliche finanzielle Förderung und gesetzliche Regelungen. Eine wichtige Rolle bei dieser Entwicklung spielten auch die Einführung des Biosiegels in Deutschland im Jahre 2001 und die Öffentlichkeitsarbeit »pro Bio« der rot-grünen Bundesregierung.

Erst die gesteigerte Nachfrage führte zu Produktionsmengen, die es auch Supermärkten und Handelsketten ermöglichte, Lebensmittel in Bioqualität anzubieten. So wird Bio immer mehr Menschen zugänglich. Inzwischen haben auch die klassischen Discounter (z. B. Aldi, Lidl, Penny) Bio für sich entdeckt. Sie setzen ihren Preiskrieg in diesem Marktsegment fort. So werden völlig neue Käuferschichten angesprochen, die wahrscheinlich nie den Gang in einen klassischen Bioladen gewagt hätten. Dabei stellt sich natürlich die Frage, ob das, was jetzt in solchen Massen angeboten wird, auch wirklich noch Bio ist? Wird der Verbraucher hier wieder einmal aufs Eis geführt?

Ist Deutschland ein Bio-Land?

30 Prozent des gesamten europäischen Umsatzes mit Bioprodukten wird inzwischen in Deutschland gemacht. Im Jahr 2006 wurden in Deutschland etwa 4,5 Milliarden Euro mit Bio umgesetzt. Allerdings entspricht das tatsächlich nur einem Anteil von etwa drei Prozent am gesamten Lebensmittelmarkt. Leider geht dieser Trend an den deutschen Biobauern vorbei. Nur etwa 4,9 Prozent der heimischen Agrarfläche wurde im Jahr 2006 ökologisch bewirtschaftet. Auch wenn in Zeiten knapper Bioware gute Preise gezahlt werden, sehen nur vergleichsweise wenige deutsche Landwirte einen Anreiz darin, auf »öko« umzustellen. Das liegt unter anderem an den großen Hürden, die der Gesetzgeber für die Umstellung vorsieht (siehe Seite 28 f.), und daran, dass die konventionelle Landwirtschaft – und nicht die ökologische – immer noch massiv gefördert wird, auch wenn sie langfristig unserer Umwelt und unserer Gesundheit schadet.

Als Folge wird immer mehr Bioware importiert. Spitzenreiter in der Bioproduktion in Europa ist Italien, gefolgt von Österreich. Bio kommt aber nicht nur aus unseren europäischen Nachbarländern. Auch Chile, Argentinien, Südafrika oder China findet man immer öfter als Herkunftsland auf dem Bioetikett.

Das enorm steigende Angebot aus dem Ausland macht sich aber wieder mit sinkenden Preisen für Bio bemerkbar. Entsprechend gering ist der Anreiz für deutsche Bauern, auf Bio umzustellen.

Läuft Bio in die Preisfalle?

Die Zukunft von Bio liegt ganz in der Hand der Verbraucher. Setzt sich der Trend zu immer billigeren Lebensmitteln in Deutschland weiter fort, könnte Bio das gleiche Schicksal ereilen wie konventionelle Lebensmittel, wo das Motto »Masse statt Klasse« lautet. Die Betriebe müssen größer werden und rationalisieren, wenn sie Discounter oder Supermärkte beliefern wollen. Kleine idyllische Bauernhöfe mit ganzheitlichen Kreislaufmodellen sind dann kaum noch konkurrenzfähig, wenn gleichzeitig Bioagrarfabriken entstehen.

Mehr (Lebens-)Qualität durch Bio?

In Zeiten der BSE-Krise stieg die Nachfrage nach Bio sprunghaft um etwa 30 Prozent an. Auch heute stehen Bioprodukte für mehr Sicherheit und für Lebensmittel, die im Einklang mit der Natur erzeugt werden. Artgerechte Tierhaltung, geringe Schadstoffbelastung und gesunde Ernährung waren laut »Ökobarometer 2007« die häufigsten Kaufgründe für Bio. Streng wissenschaftlich lässt es sich zurzeit nicht beweisen, dass Menschen, die nur Bio essen, gesünder sind. Entsprechende Langzeitstudien mit vielen Teilnehmern liegen allerdings noch nicht vor. Genau wie bei konventionellen Produkten spielt hier die Auswahl der Lebensmittel eine zentrale Rolle: Wer auch bei Bio vor allem auf Fertigpizza, Pommes und Süßes setzt, ernährt sich nicht wesentlich besser, als wenn er diese Nahrungsmittel aus konventioneller Herstellung verspeist. Und wer viel konventionell erzeugtes Gemüse beim Bauern nebenan kauft, wird wohl nur selten stark pestizidbelastete Ware nach Hause tragen.

Bio-Geschmack ohne künstliche Zusätze

Außerdem ist der Geschmack mancher Bioware gewöhnungsbedürftig. Verarbeitete Produkte, also Fertig- und Halbfertiggerichte, die in Bioqualität ohne die vielen Hilfsstoffe der konventionellen Nahrungsmittel auskommen müssen, schmecken manchmal anders. Geschmacksverstärker, künstliche Aromastoffe, Stabilisatoren verhelfen etwa konventionellem Fruchtjoghurt, Fertigsuppen, Müsliriegeln zu intensivem – wenn auch künstlichem – Geschmack und Aussehen, an die die meisten Menschen gewöhnt sind. Echter Fruchtjoghurt aus Naturjoghurt und Früchten kann dann anfangs vergleichsweise fade schmecken.
Anders ist die Situation bei unverarbeiteten Lebensmitteln: Bioobst und -gemüse wird ohne Kunstdünger und chemisch-synthetische Pflanzenschutzmittel produziert und hat mehr Zeit zum Wachsen. So wird beispielsweise der Wassergehalt nicht in die Höhe getrieben:

Mehr Aroma und Geschmack sind die Folge. Lebensmittel wie Obst, Gemüse, Getreide, Kartoffeln schmecken in Bioqualität meist deutlich besser. Das gilt auch für Fleisch, denn Biotiere leben artgerecht, erhalten überwiegend Biofutter und dürfen länger wachsen.

Auffällig ist der Unterschied zwischen Bio- und konventioneller Ware bei der Pestizidbelastung: Während Bioobst und -gemüse wenn überhaupt nur Spuren von Pflanzenschutzmitteln aufweisen, müsste manche konventionelle Ware wegen übermäßiger Belastung als gesundheitsgefährdend eingestuft werden.

Untersuchungen zum Gehalt von Nährstoffen kommen zu unterschiedlichen Ergebnissen – kein Wunder: Die Inhaltsstoffe von Lebensmitteln hängen sehr stark von den Sorten, Standorten, Witterungsbedingungen, der Reife bzw. – beim Fleisch – der Tierrasse und dem Alter der Tiere ab. Ökologisch produzierte und konventionelle Ware unterscheiden sich beim Nährstoffgehalt nicht wesentlich.

Bio schont die Umwelt

Jede Art von Landwirtschaft greift in das natürliche Gefüge des Bodens ein. Der ökologische Landbau (siehe Seite 24) setzt jedoch auf eine schonende Bewirtschaftung. Lebensmittel aus ökologischem Landbau belasten die Umwelt weit weniger als konventionelle Produkte. Chemisch-synthetische Pflanzenschutzmittel und Mineraldünger kommen beim Biobauern nicht auf den Acker. Das schont nicht nur die Böden, sondern auch die Gewässer und fördert die Artenvielfalt. Die natürliche Tier- und Pflanzenwelt auf Wiese und Acker bleibt so weitgehend erhalten. Ihre fruchtbaren Böden verdanken Biobauern in erster Linie der Natur. Eine sinnvolle Fruchtfolge, organische Düngung oder die sogenannte Gründüngung (siehe Seite 39) fördern die Bodenfruchtbarkeit. In Bioäckern leben deshalb etwa doppelt so viele Kleinstlebewesen (Regenwürmer, Bodenbakterien) wie im konventionellen Acker. Schädlingen und Krankheiten wird durch den Anbau robuster Sorten in wohl überlegter Fruchtfolge vorgebeugt. Sind die Pflanzen doch einmal befallen, wird mechanisch bekämpft, oder es kommen unbedenkliche Mittel wie Schmierseife, Schwefel oder Pflanzenextrakte zum Einsatz.

Was gerne verschwiegen wird

Die Landwirtschaft zählt zu den echten Klimasündern. Sie verursacht etwa zehn Prozent der deutschen Treibhausgasemissionen. Das entspricht zurzeit etwa 80 Millionen Tonnen pro Jahr. Am meisten tragen hierzu die energieintensive Herstellung von chemisch-synthetischen Pflanzenschutzmitteln und Mineraldünger, aber auch die intensive Tierhaltung bei. Biobauern verzichten auf chemische Pflanzenschutzmittel und Dünger und kaufen weniger Futtermittel zu. Auch so leistet der ökologische Landbau einen wichtigen Beitrag zum Klima- und Umweltschutz. Durch die Umstellung auf Ökolandwirtschaft ließe sich mehr als die Hälfte dieser Emissionen einsparen.

Nach der Saison und aus der Region – auch bei Bio

Wir haben uns an Kenia-Bohnen im März und Erdbeeren zum Weihnachtsfest gewöhnt. Zunehmend erwarten Verbraucher auch im Biohandel das ganze Jahr über ein uneingeschränktes Sortiment. Wer möchte schon gerne auf exotische Früchte verzichten oder auf Kaffee und Tee, die nur über einen internationalen Warenhandel bei uns landen. Inzwischen kommen aber sogar die Erdbeeren im Winter nach langer Anreise in Bioqualität zu uns. Während Bioprodukte früher ausschließlich regional vermarktet wurden, macht die Globalisierung der Warenströme heute auch nicht mehr vor der Biobranche halt. Gerade Discounter suchen nicht nur europa-, sondern weltweit nach großen Mengen an Biolebensmitteln, die möglichst kostengünstig produziert werden. Die EU-Öko-Verordnung erleichtert diesen internationalen Warenhandel.

Die Globalisierung von Bioanbau und -handel bringt Vor- und Nachteile mit sich. So sind die Vorteile einer nachhaltigen Landwirtschaft nicht nur an Ländergrenzen gebunden. Kleinbauern in wenig entwickelten Regionen erhalten hierdurch neue Perspektiven: Studien in China, Indien und sechs lateinamerikanischen Ländern zeigen, dass Landwirte nach der Umstellung auf ökologischen Landbau höhere Einkommen und einen besseren Lebensstandard erreichten.

Anteil der weltweiten Bioflächen nach Kontinenten

■ Australien/Ozeanien	39 %
■ Lateinamerika	20 %
■ Europa	1 %
■ Asien	13 %
■ Nordamerika	4 %
■ Afrika	3 %

Die Möglichkeit des weltweiten Rohstoffbezugs fördert langfristig aber auch negative Entwicklungen – wie in der konventionellen Landwirtschaft: Der Preisdruck auf die Erzeuger steigt. Die Betriebe müssen größer werden und rationalisieren, wenn sie Discounter oder Supermärkte beliefern wollen. Auch regionale Handels- und Verarbeitungsstrukturen müssen sich diesem Wettbewerb stellen. Hier besteht die Gefahr, dass die »Großen« zu Dumpingpreisen auch den Biorohstoffmarkt leerkaufen und die »Kleinen« das Nachsehen haben. Für Bioplantagen werden – trotz Verbots – ebenso wie für konventionellen Anbau unkultivierte Flächen gerodet, etwa Regenwald oder Mangrovenwälder. Manche Produzenten greifen zu unlauteren Mitteln, um auf dem Markt bestehen zu können. Die Kontrollen sind am anderen Ende der Welt weit schwieriger durchzuführen als in heimischen Betrieben. So kann der globalisierte Biohandel dem Betrug Tür und Tor öffnen.

 **Fazit – regionaler Bioeinkauf**

Durch den Kauf von Bioprodukten aus Ihrer Region möglichst im regionalen Biohandel fördern Sie nicht nur eine **ökologische Landwirtschaft** und die **regionale Lebensmittelvielfalt**, sondern leisten auch einen wichtigen Beitrag zum **Erhalt Ihrer heimischen Kulturlandschaft.**

Streitfrage Ökobilanz

Die Ökobilanz eines Produkts untersucht die Auswirkungen dieses Produkts auf die Umwelt, in allen Stadien der Herstellung bis zur Entsorgung. Zum Thema Ökobilanz existieren zahlreiche wissenschaftliche Untersuchungen, die oft zu ganz unterschiedlichen Aussagen kommen. Das ist nicht verwunderlich – gibt es doch keine verbindliche Einigung darauf, welche Faktoren in die Berechnung der Ökobilanzen in welcher Gewichtung einfließen: Dazu zählen etwa Energieverbrauch und Schadstoffausstoß bei Rohstoffgewinnung, Herstellung, Verarbeitung, Transport, Benutzung, Nachnutzung und Entsorgung eines Produkts. Andere Forscher vergleichen den Energiebedarf von Lebensmitteln bei regionaler und globaler Vermarktung. Aber auch Faktoren wie der Flächenverbrauch und die Lärmbelastung bei der Produktion können bei der Bewertung der Umweltbelastung eine Rolle spielen.

So kann eine Produktion mit hohem Energieaufwand (z. B. Gewächshäuser) mehr Bedeutung für die Ökobilanz haben als lange Transportwege. Tatsache ist aber, dass sich der Transport von Lebensmitteln in den vergangenen zwanzig Jahren verdoppelt hat, und das bei gleichbleibendem Konsum durch die Verbraucher. Experten gehen davon aus, dass der gesamte Güterverkehr bis zum Jahr 2015 noch um 60 Prozent zunehmen wird. Lebensmitteltransporte haben an den Treibhausgasemissionen nahezu den gleichen Anteil wie unsere Mobilität, wenn man den CO_2-Ausstoß pro Jahr zugrunde legt.

Lebensmittel tragen etwa 80 Prozent zur Klimabelastung durch unseren privaten Konsum bei. Dabei schneiden Produkte aus ökologischer Landwirtschaft zwar leicht besser ab als konventionelle Ware. Aber vor allem hat die Auswahl von Lebensmitteln einen Einfluss auf Ihre private Ökobilanz: Ein geringer Fleischkonsum, aber reichlich Obst, Gemüse, Kartoffeln und Teigwaren leisten einen wertvollen Beitrag zum Klimaschutz.

Besonders schlecht schneiden in der Klimabilanz Rindfleisch sowie Produkte aus verarbeiteten, vor allem getrockneten, Kartoffeln (beispielsweise Chips oder Kartoffelpulver) und fast die ganze Gruppe der Tiefkühlprodukte ab.

Tiefkühlkost und Fertiggerichte

Industriell hergestellte Lebensmittel verbrauchen viel Energie. Sie werden oft vorgegart, aufwendig verpackt und über weite Strecken transportiert. Bei Tiefkühlkost ist der Stromverbrauch für die Aufrechterhaltung der Kühlkette vom Werk, über den Transport und die Lagerung im Supermarkt und der heimischen Tiefkühltruhe enorm hoch. Das gilt auch für Bioware.

Bio – immer die bessere Ökobilanz?

Auch Bioprodukte sind manchmal eine Mogelpackung für die Ökobilanz. Vor allem Verpackungen und ein hoher Energieaufwand bei der Produktion trüben hier oft das ökologische Gewissen. Bei weit gereisten Produkten verschlechtert sich die Ökobilanz dramatisch: Bis ein Apfel aus Chile auf unserem Teller liegt, verbraucht er die 520-fache Energie eines Apfels vom Bodensee, der in der Saison geerntet und verkauft wird. Lagert der heimische Bioapfel aber viele Monate im Kühlhaus, kann er sogar noch mehr Energie verbrauchen als der Kollege, der sich mit dem Containerschiff auf die Reise gemacht hat. Bioerdbeeren, die im Winter aus Spanien eingeflogen werden, sind zwar ohne Pestizide erzeugt worden, belasten die Umwelt aber durch den CO_2-Ausstoß ihrer Flugkilometer. Auch Biomilchprodukte, die per LKW quer durch Europa reisen, verursachen Abgase. So gibt es bei deutschen Discountern Biomilch aus Österreich, Biobutter aus Dänemark und Biokäse aus Frankreich. Dabei ist der Preis gar nicht immer ausschlaggebend dafür, dass so viele Bioprodukte aus dem Ausland zu uns kommen: Deutsche Biobauern können die Nachfrage zurzeit einfach nicht befriedigen.

Auch beim Fleisch muss man auf die Ökobilanz schauen: Deutsche Schafe z. B. stehen im Winter im Stall und erhalten Kraftfutter. Die Artgenossen in Neuseeland verlassen ihre natürlichen Weiden erst zum Schlachten und treten in Frachtern die Reise nach Europa an. Für die Ökobilanz macht das erstaunlicherweise kaum einen Unterschied – die Kraftfutterherstellung schlägt genauso negativ zu Buche wie die Reise des Fleischs um den halben Erdball.

Öko im Abo: die Biokiste

Eine sehr bequeme Möglichkeit, regelmäßig Biolebensmittel einzukaufen, bietet die Gemüsekiste, auch Gemüsetüte, Ökokiste, Biokiste oder Grüne Kiste genannt. Die Idee ist schon mehrere Jahrzehnte alt und stammt von den Biogemüsebauern: Der Verbraucher abonniert zu einem bestimmten Preis eine Kiste voller Gemüse, die vom Biobauern zusammengestellt und jede Woche frisch ins Haus geliefert wird. Der Vorteil für den Bauern: Er hat einen verlässlichen Abnehmerkreis. Für die Verbraucher liegen die Vorzüge auf der Hand: Man muss nicht zum Bio- oder Hofladen fahren, wird aber trotzdem aus regionaler Bioproduktion frisch beliefert. Diese bewährte Grundidee wurde inzwischen verfeinert: Beklagten sich früher manche Abnehmer über die Eintönigkeit des regionalen Gemüsesortiments im Winter, so hat man heute bei den meisten Anbieterbetrieben eine erweiterte Auswahl. Neben der rein aus regionalen Produkten bestückten Gemüse- und/oder Obstkiste werden Zusammenstellungen mit zugekauften Waren anderer Bioerzeuger angeboten. So gibt es im Winter etwa Gemüse und Früchte aus südlichen Ländern, es gibt gemischte Kisten, die auch Käse, Wurst und Milchprodukte oder Brot enthalten. Man kann die Kisten verschieden groß bestellen – von der Single- bis zur Familiengröße. Wer manche Gemüse nicht mag, kann auch hier individuelle Wünsche angeben. Und der Ratlosigkeit mancher Abonnenten angesichts unbekannter Gemüsearten begegnen die Anbieter, indem sie Rezeptblätter beilegen. Bestellt werden kann inzwischen meist auch per Internet. Anbieteradressen finden sich viele im Netz, etwa unter www.bioverzeichnis.de/biofachhandel.htm oder bei www.bioland.de.

Fazit – Ökobilanz

Bei der Klimabilanz schneiden Produkte aus ökologischer Landwirtschaft leicht besser ab als die aus herkömmlicher Landwirtschaft. Entscheidend ist aber, welche Produkte Sie einkaufen: So ist der Unterschied zwischen Gemüse und Fleisch viel größer als der zwischen konventionell und Bio. Durch eine bewusste Ernährung kann man auch einen Beitrag zum Klimaschutz leisten: Ein geringer Fleischkonsum, viele Teigwaren und Kartoffeln, ein hoher Anteil an Obst und Gemüse und nicht zu viele Milchprodukte tragen zu mehr Klimaschutz bei.

Wo kauft man Bio ein?

An Bio führt inzwischen kaum noch ein Weg vorbei – von der Dorfbäckerei bis zum Riesen-Discounter führt ein jeder Bioware. Alle möchten auf der Biowelle mitschwimmen und sich ein Stück von dem lukrativen Biokuchen sichern. Dabei nähern sich die Handelsstrukturen kontinuierlich an. Der klassische Bioladen wird immer mehr zum Supermarkt und die Discounter präsentieren ganz selbstverständlich ihr Biosortiment.

Billig: Bio aus dem Discounter

Im Supermarkt trifft jeder beim täglichen Einkauf auf Bio und muss sich nicht mehr auf den Weg in den Fachhandel machen. Immer mehr Anbieter haben Bio für den kleinen Geldbeutel im Angebot. Die Zeitschrift »Öko-Test« nahm 2007 Biolebensmittel von Discountern und Supermärkten unter die Lupe. Untersucht wurden 75 Biolebensmittel aus neun Produktgruppen auf Schadstoffe und spezielle Bioparameter, wie z. B. bestimmte Fettsäuren in der Milch, die Rückschlüsse auf die Fütterung der Rinder erlauben. Mit dem Ergebnis kann sich Bio vom Discounter durchaus sehen lassen. Mängel fanden die Tester in erster Linie beim Geschmack von Milch und Käse. In einem von neun Tiefkühlgerichten fanden sich Pestizide über dem Orientierungswert des Bundesverbandes Naturkost, Naturwaren (BNN). Schadstoffe wie Nitrat, Nitrit und bedenkliche Schwermetalle waren nur in Spuren oder gar nicht enthalten. Kaffee, Mehl und Brotbackmischungen bestanden den Test ausnahmslos mit »sehr gut«.

Biosupermärkte – ein neuer Zeitgeist?

Ein hochwertiges Sortiment in einer angenehmen Einkaufsatmosphäre – das streben Biosupermärkte an. Hier findet man die typischen Kennzeichen des Supermarktes, wie große Auswahl, meist günstiger Preis und schneller, bequemer Einkauf. Dazu wollen Biosupermärkte hohe Transparenz bieten, persönliche Kundenansprache und kompetente Beratung. Zwischen 5500 und manchmal sogar 10 000 Bioartikeln hat der Kunde hier die Wahl. Alle Produkte sind Bio und entsprechen mindestens den Anforderungen der EU-Öko-Verordnung. Im Angebot findet man auch Produkte der Anbauverbände oder Biomarken des Lebensmittelhandels. Das Image der Branche wackelt aber auch schon wieder: Ausgerechnet der Discount-Riese Lidl bemühte sich um einen Einstieg bei der Biosupermarktkette Basic und löste Angst vor einem Kostendruck auf die Lieferanten aus. Die bekanntesten Biosupermärkte in Deutschland sind Alnatura, Basic, Naturata, SuperBioMarkt und Supernatural.

Der Klassiker: Bioladen

Bioläden entstanden Anfang der 1970er Jahre zunächst in großen Städten. Anfangs verkauften Bioläden überwiegend Vegetarisches aus traditioneller Erzeugung. Bioläden verstanden sich früher auch als Zentrum öko-politischer und esoterischer Gesinnungen. Zwar ist das auch heute oft noch der Fall, doch nähert sich das Sortiment des klassischen Bioladens immer mehr dem eines Supermarktes an.

Umweltaspekte und die Sorge vor Lebensmittelskandalen sind Bioläden ein Anliegen. Der Service-Gedanke ist im Bioladen stark ausgeprägt: Gut geschultes Personal, Verkostungen und Lieferservice, wie etwa das Gemüse-Abo mit Rezepten, sind Beispiele dafür. Aber auch hinter Bioläden stehen inzwischen oft Handelsketten: Mit der Eröffnung der VierLinden-Bioläden etwa wagte sich die Rewe-Gruppe in das Marktsegment Bioladen.

Aus Tradition: Reformhäuser

Das erste Reformhaus wurde bereits 1900 gegründet. Es entstand aus der Bewegung der Lebensreformer, die ein »Zurück zur Natur« für das alltägliche Leben der Menschen forderten und lebten: natürliche Ernährung, weniger tierisches Fett, keine Zusatzstoffe, bequeme Kleidung, natürliche Körperpflege. Bis heute soll die Produktpalette der Reformhäuser in erster Linie den gesundheitsbewussten Kunden ansprechen.

Im Unterschied zum Bioladen stammen nicht alle Produkte aus biologischem Anbau. Im Vordergrund stehen ernährungsphysiologisch gesunde Lebensmittel. So findet man beispielsweise unbehandelte Produkte wie ungeschälten Reis und Vollkornmehl oder pflanzliche Alternativen zu Fleisch. Außerdem stehen Nahrungsergänzungsmittel, diätetische Lebensmittel und Natur-Arzneimittel auf dem Programm. Auch in Reformhäusern wächst aber das Angebot von Bio, das zusätzlich durch ein grünes Bioblatt gekennzeichnet ist (siehe auch Einkaufsführer).

Bodenständig: Hofladen und Biobauer

Etwa 16 Prozent aller Biolebensmittel werden direkt beim Erzeuger im Hofladen oder auf dem Wochenmarkt gekauft. Die Direktvermarktung stärkt die Beziehung zwischen Produzent und Verbraucher, noch dazu bei Preisen, die fast immer etwas günstiger sind als im Geschäft.

Auch Bäcker und Metzger verkaufen Bio. Meist ist es selbst hergestellte Ware, die neben dem konventionellen Angebot verkauft wird. Um sicherzugehen, dass es sich um echte Bioware handelt, sollte der Verbraucher auch hier auf die Angabe des Biosiegels, der Verbandszeichen und der Ökokontrollstellennummer achten. Denn teilweise wird auch viel Ware zugekauft.

Sind die Handelsmarken auch Bio?

Auch bei Bio findet man Handelsmarken der Hersteller, wie Rapunzel oder Lebensbaum. Darüber hinaus werden aber ganze Regalmeter mit den Biomarken des Lebensmitteleinzelhandels angeboten, wie z. B. BioBio (Plus) oder BioWertkost (Edeka). Der Einsatz dieser Handelsmarken hat den Sinn, dem jeweiligen Biosortiment im Handel ein einheitliches Outfit zu verpassen und den Wiedererkennungseffekt zu erhöhen. Diese Marken erfüllen mindestens die Anforderungen der EU-Öko-Verordnung – also alles Bio.

Daneben tummeln sich die Fair-Trade-Handelsmarken, die aber nicht immer »Bio« sind. TransFair hilft, ebenso wie andere Fair-Trade-Handelsmarken (z. B. Banafair, gepa), benachteiligten Produzenten in der Dritten Welt. Durch fairen Handel, höhere Preise an die Kleinbauern und die Einhaltung von Sozialstandards bei der Produktion – wie etwa dem Verzicht auf illegale Kinderarbeit – verbessert sich vor Ort die Lebenssituation der Produzenten. Gekennzeichnet werden Produkte, die unter solchen fairen Bedingungen gehandelt wurden. Viele (aber nicht alle) dieser Produkte stammen aus ökologischer Landwirtschaft und tragen dann zusätzlich das Biosiegel (siehe auch Einkaufsführer).

Tipps für den
Bioeinkauf

1 Kaufen Sie Bioobst und -gemüse ein, das gerade **Saison hat und aus der Region stammt.** Das gibt Ihnen die größtmögliche Sicherheit, dass die Ware frisch ist, reif geerntet wurde und keine langen Transportwege und Lagerzeiten hinter sich hat. Und – saisonal einkaufen ist billiger!

2 **Lagerfähiges Gemüse und Obst** wie Kartoffeln, Äpfel oder Wurzelgemüse im Herbst günstig und frisch kaufen und im Keller lagern.

3 **Großeinkäufe von Fleisch** sind meistens preisgünstiger. Ab-Hof-Verkäufe von Biofleisch sind oft nur in großen Paketen zu zehn oder mehr Kilogramm möglich. Tun Sie sich mit Nachbarn zusammen bzw. lagern Sie das Fleisch im Gefrierschrank.

4 Ein **eigener Gefrierschrank** für die individuelle Tiefkühllagerhaltung verschlechtert zwar die Ökobilanz Ihrer Nahrungsmittel, er ist aber dennoch die bessere Wahl, wenn Sie folgende Punkte beachten: Wählen Sie ein Strom sparendes Modell und achten Sie auf eine gute Auslastung. Lagern Sie darin günstige Großeinkäufe von Biofleisch, von frischer, regionaler Saisonware oder die Ernte aus dem eigenen Garten.

5 **Sparen Sie bei Fertiggerichten** – egal, ob bio oder konventionell hergestellt. Sie sind teuer, bei ständigem Verzehr ungesund und schaden der Umwelt. Verwenden Sie lieber frische Zutaten und kochen Sie selbst. Sammeln Sie für Fälle, in denen es schnell gehen muss, Rezepte für Gerichte, die fix aus frischen Zutaten zubereitet sind.

6 Kaufen Sie Bio im **nahe gelegenen Geschäft**/Supermarkt. Fahren Sie keine großen Strecken mit dem Auto, um ein wenig Bioware einzukaufen.

7 Wenn Sie **ab Hof direkt beim Erzeuger** einkaufen, verbinden Sie den Einkauf gegebenenfalls mit anderen Erledigungen oder einem Familienausflug. Beim Einkauf auf dem Biohof vermeiden Sie den teuren Zwischenhandel, Ihr Geld kommt dem einzelnen Biobauern zugute und fördert die regionale Vielfalt.

8 Setzen Sie **weniger Fleisch und mehr Gemüse** auf Ihren Speiseplan. Das schont nicht nur die Umwelt, sondern tut auch Ihrem Körper gut. Ernährungsexperten raten zu fünf Portionen Obst und Gemüse – und das jeden Tag.

9 Fragen Sie auch **auf dem Wochenmarkt, beim Bäcker oder Metzger** nach Bioqualität und nach der Herkunft der Ware: Die Frage nach der Herkunft weist den kritischen Kunden aus, der sich nicht gern hinters Licht führen lässt, und hat vielleicht eine bessere Kennzeichnung der Waren zur Folge. Durch hartnäckiges Nachfragen wird eventuell das aus der Region stammende Sortiment erweitert.

10 Nutzen Sie die Möglichkeit, eine **Biokiste** nach Ihren Wünschen zu abonnieren. Auch damit fördern Sie regionale Kleinunternehmen, die biologisch wirtschaften.

11 Achten Sie beim Bioeinkauf im Supermarkt/Discounter genau auf die **Kennzeichnung der Waren** und auf das deutsche, das EU- oder das Siegel der Anbauverbände. Fallen Sie nicht auf Phrasen wie »aus integriertem Anbau« oder »aus kontrollierter Aufzucht« herein. Diese Bezeichnungen sind nicht definiert und nicht geschützt und geben Ihnen keinerlei Sicherheit.

Öko – von der Idee zur EU-Regelung

Bio und Öko gibt es nicht erst, seit der Trend von der EU als regelungsbedürftig erkannt worden ist. Schon zu Beginn des vergangenen Jahrhunderts entdeckten sensible Esser, dass so mancher Apfel nicht mehr so aromatisch schmeckte wie Jahre zuvor. Man machte sich erstmals Gedanken über Bodenqualität und wie man sie erhalten könnte. Der daraus entstandene erste Bioanbauverband Demeter ist bereits über fünfzig Jahre alt. Doch erst seit Bioernährung ein Massentrend ist, wird auch vom Staat geregelt, was sich Bio nennen darf.

Bio – Trend mit Tradition

Öko, das ist keine moderne Erfindung, sondern hat eine lange Tradition. Schon 1924 begründete der österreichische Philosoph Rudolf Steiner die biologisch-dynamische Wirtschaftsweise. Seine Lehre, die sogenannte Anthroposophie, basiert auf einer umfassenden Einsicht in die Natur. Sie begreift den Biobauernhof als Organismus, als Kreislauf, der in sich und mit Hilfe der Natur, durch Einflüsse von Mond und Planeten, funktioniert. Aus dieser Bewegung entwickelte sich der Anbauverband Demeter.

Nach dem Zweiten Weltkrieg wurde in der Schweiz die organisch-biologische Anbaumethode entwickelt, die besonderen Wert auf die Bodenfruchtbarkeit legt. Bis heute sind nach dieser Methode arbeitende Erzeuger im Bioland-Anbauverband zusammengeschlossen. Inzwischen gibt es in Deutschland acht Anbauverbände des ökologischen Landbaus, die alle Mitglieder im »Bund ökologische Lebensmittelwirtschaft« (BÖLW) sind.

1993 trat die EU-Öko-Verordnung in Kraft, die Erzeugung, Herstellung und Kennzeichnung von Bio in der Europäischen Union regelt. Am 5. September 2001 wurde in Deutschland das staatliche Biosiegel ins Leben gerufen. Alle Bioprodukte, die dieses Siegel tragen dürfen, sind nach den Anforderungen der EU-Öko-Verordnung hergestellt und verarbeitet worden. Ab 2009 wird die bestehende durch eine neue, etwas geänderte Verordnung ersetzt (siehe Seite 32 f.).

Alles im Kreislauf? – Anbauverbände versus EU

Der moderne Kunde von heute greift zu Bio, weil er hier das Gefühl hat, ein qualitativ hochwertiges Produkt zu kaufen. Der eigentliche Gedanke von Bio geht aber weit über die Produktion gesunder Lebensmittel hinaus. Den Grundgedanken eines ökologischen Kreislaufs inmitten einer intakten Natur verfolgen heute noch die

Anbauverbände mit ihren strengen Vorschriften. Die EU-Öko-Verordnung dagegen betreibt mit sehr durchlässigen Vorschriften nur Schadensbegrenzung. Sie erlaubt an vielen Stellen eine Verwässerung der Bioproduktion – mit der ab 2009 gültigen Novelle sogar bis zu 0,9 Prozent Gentechnik in als biologisch deklarierten Lebensmitteln (siehe Seite 32 f.).

Ökolandbau – der Grundgedanke

Der Leitgedanke des ökologischen Landbaus ist das Wirtschaften im Einklang mit der Natur. Im Ökolandbau wird der landwirtschaftliche Betrieb als ganzheitliches System aus Boden und Pflanzen, Menschen und Tieren betrachtet. Oberstes Prinzip ist ein möglichst geschlossener natürlicher Kreislauf. Das heißt z. B.: Ackerbau und Viehhaltung stehen in einem ausgewogenen Verhältnis. Wer also mehr Tiere hält, braucht auch mehr landwirtschaftliche Fläche: nicht nur für den Auslauf, sondern auch für den Anbau von Viehfutter. Denn Biotiere sollen eigentlich auch nur mit Biofutter ernährt werden, vorzugsweise vom eigenen Hof. Gülle und Mist der Tiere werden nicht als Abfall entsorgt, sondern als wertvoller Bodennährstoff wieder in den biologischen Kreislauf eingebracht. Von diesen Grundsätzen profitiert auch die Umwelt: Boden, Wasser und Luft werden weniger mit Schadstoffen belastet. Die Artenvielfalt wird gefördert und dem Aussterben von Tier- und Pflanzenarten vorgebeugt. Auch der Tierschutz steht auf dem Programm. Eine artgerechte Tierhaltung ist ein wichtiges Anliegen der ökologischen Landwirtschaft.

Die EU-Öko-Verordnung

Seit 1993 regelt die EU-Öko-Verordnung Nr. 2092/91, wie im ökologischen Landbau gewirtschaftet werden darf. Im Jahr 1999 wurde sie durch den Zusatz Nr. 1804/1999 ergänzt, der die ökologische Tierhaltung regelt. So ist beispielsweise festgelegt, wie viele Tiere pro Fläche gehalten werden dürfen und was in die Futtertröge wandern darf. Ein besonders wichtiger Bestandteil dieser Ökoverordnung ist ein eigenes, unabhängiges Kontrollsystem, das die Einhaltung der gesetzlichen Regelungen überwacht (siehe Seite 33 ff.). Ziel ist es, den Missbrauch der Bezeichnungen »Bio« und »Öko« zu unterbinden. Die EU-Öko-Verordnung regelt aber nicht nur die landwirtschaftliche Produktion und den Zukauf von Futter- und Düngemitteln, sondern auch die Verarbeitung und Kennzeichnung von Bioerzeugnissen. So wird z. B. generell auf den Zusatz von synthetischen Farbstoffen, Geschmacksverstärkern, Konservierungsmitteln, künstlichen und naturidentischen Aromen sowie Süßstoffen und Stabilisatoren verzichtet. Der Einsatz von Gentechnik ist verboten. Wesentlich strengere Grundsätze und höhere Anforderungen als die EU-Öko-Verordnung stellen aber die Anbauverbände an die ihnen angeschlossenen Erzeuger und ihre Bioprodukte (siehe Seite 26 ff.).

Die wesentlichen Vorschriften der EU-Öko-Verordnung:

1. Anbau: Die EU-Öko-Verordnung regelt genau, wie der Pflanzenbau zu erfolgen hat. So ist nicht nur festgelegt, welche Dünger und Pflanzenschutzmittel zum Einsatz kommen dürfen, sondern auch, welche Sorten in der Fruchtfolge angebaut werden. Hierfür gibt es sogenannte Positivlisten: Alles, was in den Listen aufgeführt ist, ist erlaubt. Alles andere ist automatisch verboten und darf nicht aufs Feld. Der Einsatz von Gentechnik ist verboten.

2. Verarbeitung: In der EU-Öko-Verordnung ist geregelt, nach welchen Anforderungen Lebensmittel verarbeitet werden dürfen und welche Stoffe dabei eingesetzt werden können. 47 Zusatzstoffe sind erlaubt (Stand Dezember 2007). Auch hier gibt es Positivlisten: Was nicht ausdrücklich zugelassen ist, darf nicht verwendet werden. Die Zutaten landwirtschaftlichen Ursprungs müssen zu 95 Prozent aus dem ökologischen Landbau stammen.

3. Kennzeichnung: Nur Erzeuger, Verarbeitungs- und Importbetriebe, die den Anforderungen der EU-Öko-Verordnung gerecht werden und sich den vorgeschriebenen Kontrollen unterziehen, sind berechtigt, ihre Produkte mit den Bezeichnungen »Bio« oder »Öko« zu verkaufen. Bei der Kennzeichnung der Produkte muss der Name und/oder die Codenummer der zuständigen Ökokontrollstelle (siehe Seite 35 ff.) angegeben werden.

4. Kontrolle: Bioprodukte unterliegen nicht nur der allgemeinen amtlichen Lebensmittelüberwachung. Amtlich zugelassene Biokontrollstellen überprüfen jeden Biobetrieb mindestens einmal pro Jahr darauf, ob die Richtlinien eingehalten werden (siehe Seite 33 ff.).

5. Importware: Auch Ökoprodukte, die in die EU eingeführt werden, unterliegen strengen Kontrollen. Inspektoren kontrollieren die Betriebe vor Ort.

Anbauverbände mit strengen Richtlinien

Lange vor dem Erlass der EU-Öko-Verordnung hatten sich bereits Biobauern in Verbänden zusammengeschlossen und feste Regeln für die Erzeugung aufgestellt. Solche Verbände gibt es in vielen Staaten. In Deutschland sind es acht: Biokreis, Bioland, Biopark, Demeter, Ecoland, Ecovin, Gäa und Naturland. Die Anbauverbände haben sich bundesweit teilweise wesentlich strengere Vorschriften gegeben, als sie die EU-Öko-Verordnung vorsieht, und verwenden dafür auch eigene Siegel (siehe Einkaufsführer).

■ Bioland e.V.: Die Marke Bioland steht für den »Verband für organisch-biologischen Landbau e.V.«. Bioland setzt besonders auf die Regionalität der Produkte. Unter der Marke Bioland arbeiten nicht nur Landwirte und Lebensmittelhersteller, sondern auch Metzgereien und Bäckereien. Die Bauern bewirtschaften ihren gesamten Hof ökologisch und verwenden nur Saatgut aus Ökoanbau. Bei der Verarbeitung von Lebensmitteln sind nur 25 Zusatzstoffe zugelassen. Alle Bioland-Bauern werden von staatlichen Kontrolleuren unter die Lupe genommen, die auch unangekündigt die Umsetzung der Richtlinien überprüfen.

■ Naturland: Die Besonderheit des »Naturland-Verbandes für ökologischen Landbau e.V.« ist sein internationales Handeln. Der Verband ist deutlich global aufgestellt. Naturland orientiert sich grundsätzlich an den Richtlinien von Bioland. Der Verband vergibt sein Siegel aber auch für Öko-Aquakulturen (Fische, Krebse, Algen), ökologische Waldnutzung, Textilien, Imkerprodukte und Brauereiprodukte, die strengen ökologischen Regeln entsprechen. Die Kontrollen werden durch externe, staatlich zugelassene Kontrollstellen durchgeführt. In der Regel beauftragt Naturland das internationale Kontroll-Institut für Marktökologie (IMO) – mit Sitz in der Schweiz und Niederlassungen in Deutschland, der Türkei, in Indien und Lateinamerika.

■ Demeter: Eigentümer der Marke Demeter in Deutschland und vielen anderen Ländern ist der »Forschungsring für Biologisch-Dynamische Wirtschaftsweise«. Demeter ist der älteste Anbauverband – 1928 wurde das Demeter-Warenzeichen eingeführt und die ersten Merkmale für Demeter-Qualität formuliert, 1954 konstituierte sich der Demeter-Bund. In Deutschland und auf internationaler Ebene setzen Demeter-Bauern die strengsten Richtlinien unter den Biosiegeln um. Die Landwirte beziehen sich auf die Lehre von Rudolf Steiner, der das biologisch-dynamische Prinzip entwickelte. Die Demeter-Landwirte verstehen ihren Betrieb als ganzheitlichen Organismus. Alle Teilbereiche des Hofes müssen nach dem Demeter-Prinzip wirtschaften. Alles, was im Betrieb verwendet wird, muss auch vom eigenen Hof stammen. Tiere sollen nicht nur artgerecht, sondern auch wesensgerecht gehalten werden. Bei der Verarbeitung von Lebensmitteln lässt Demeter nur 14 Zusatzstoffe zu und verbietet auch natürliche Aromastoffe. Kontrolliert wird bei Demeter jährlich von einer staatlichen Kontrollstelle, aber auch regelmäßig vom Demeter-Verband selbst.

- Biokreis e.V. – Verband für ökologischen Landbau und gesunde Ernährung. Anbauverband in Bayern und Nordrhein-Westfalen.
- Biopark e.V. – Anbauverband in Norddeutschland.
- Ecoland e.V. – regionaler Anbauverband in Hohenlohe und Baden-Württemberg.
- Ecovin – Bundesverband Ökologischer Weinbau e.V., Weinberge müssen zwischen den Reben begrünt werden. Pestizide, Herbizide und chemisch-synthetischer Dünger sind verboten.
- Gäa – Vereinigung ökologischer Landbau e.V., Anbauverband in Ostdeutschland.

Die Unterschiede

Mit der EU-Öko-Verordnung wurde Anfang der 1990er Jahre zwar ein wichtiger Schritt unternommen, dem grassierenden Verbraucherbetrug unter der Bezeichnung Bio und Öko Einhalt zu gebieten. Doch sind es Mindeststandards, die – wenn sie eingehalten würden – ein guter Anfang wären. Abgesehen davon, dass die Presse fast täglich von neuen Bio-Betrügereien berichtet, weist die EU-Öko-Verordnung ohnehin relativ viele »weiche« Bestimmungen auf, die die Verwendung von nicht ökologischem Material etwa als Dünger, Futter oder Zusatzstoffe in größerem Umfang zulässt.
Die Richtlinien der Verbände gehen in vielen Punkten über die EU-Kriterien hinaus. Das macht die Produktion meist aufwendiger und manchmal teurer. Bauern und Verarbeiter, die nach den Richtlinien eines Verbandes arbeiten, werden zusätzlich kontrolliert. Sie dürfen ihre Produkte dann mit dem Verbandszeichen vermarkten.

Von konventionell zu öko – Bauern stellen um

Biobauer nach den EU-Richtlinien wird man nicht von heute auf morgen. Zunächst muss sich der Bauer bei einer zugelassenen Kontrollstelle zur Ersterhebung melden. Danach wirtschaftet der zukünftige Biobauer erst einmal zwei bis drei Jahre nach den Regeln der EU-Öko-Verordnung. In dieser Zeit kann er pflanzliche Produkte mit dem Vermerk »hergestellt im Rahmen der Umstellung auf den ökologischen Landbau« vermarkten. Erst dann bekommt er die Anerkennung als Biobauer und darf seine Produkte auch als Bio oder Öko anbieten.

In der Viehzucht schreibt die EU-Öko-Verordnung eine 24-monatige Frist vor, wenn Tierhaltung, Weiden und Futterflächen gleichzeitig umgestellt werden. Tierische Produkte dürfen während der Umstellung nicht als Umstellungsware vermarktet werden.

Die EU-Öko-Verordnung erlaubt auch nur die Umstellung von Teilen des Betriebs. Danach ist es z. B. zulässig, dass ein Bauer seine Milchkühe und die Weideflächen auf Bio umstellt, auf seinen Äckern aber weiterhin konventionell Getreide anbaut. Hier bleibt es dem Bauern überlassen, dafür zu sorgen, dass konventionelle und als Bio deklarierte Produkte streng getrennt erzeugt, verarbeitet und vermarktet werden. Nicht nur Experten sehen hier die Gefahr, dass sich konventionelle Produkte unter die Bioware mischen.

Bei den Anbauverbänden dagegen muss der gesamte Betrieb auf Bio umgestellt werden. Darüber hinaus unterliegen die Anbauverbände wesentlich strengeren Richtlinien.

Bei Verarbeitungsbetrieben wie Bäckereien, Metzgereien oder Brauereien existieren gar keine Umstellungsfristen.

Welches Futter für die Tiere?

Bei den Verbänden müssen in der Tierhaltung mindestens 50 Prozent der Futtermittel auf dem eigenen Hof erzeugt werden. Das Ziel der Anbauverbände ist es, zu 100 Prozent Biofutter zu verfüttern. Wenige konventionelle Futtermittel sind zugelassen, wenn sie nicht in Bioqualität verfügbar sind; bei Demeter ist 100 Prozent Biofutter Pflicht. Die EU-Verordnung schreibt keinen Anteil von selbst erzeugtem Futter vor, bei konventionellem Futter sind hier mehr Produkte in größerem Anteil erlaubt.

Womit wird das Feld gedüngt?

Gülle und Mist dürfen bei den Anbauverbänden nur aus ökologischer Landwirtschaft stammen, möglichst vom eigenen Hof. Die EU regelt diesen Punkt nicht. Mit Gülle und Mist aus konventioneller Landwirtschaft können aber z. B. Krankheitserreger, Medikamentenrückstände und Rückstände aus konventionellem Futter auf den EU-Öko-Feldern verteilt werden.

Zusatzstoffe in Biolebensmitteln

Bei der Verarbeitung von Lebensmitteln verbieten die Anbauverbände deutlich mehr Zusatzstoffe als nach der EU-Verordnung. So erlaubt Bioland nur 25 Zusatzstoffe, Demeter gar nur 14, während die EU-Öko-Verordnung 47 zulässt.

Ist Bio zu 100 Prozent Bio?

Gerade bei verarbeiteten Lebensmitteln muss nach der EU-Regelung nicht alles Bio sein. Hier lohnt sich ein kritischer Blick aufs Etikett ganz besonders. Der Gesetzgeber unterscheidet verschiedene Abstufungen, je nachdem wie viel Prozent der Zutaten aus biologischem Anbau stammen. Nur wenn mindestens 95 Prozent der Zutaten wirklich Bio sind, darf das Produkt die Begriffe Bio oder Öko in Verbindung mit der Produktbezeichnung tragen, also beispielsweise Biotoast, Ökomilch, Biomöhren. Bei den Anbauverbänden müssen 100 Prozent der Zutaten aus ökologischem Anbau stammen. Nur bei nachweislicher Nichtverfügbarkeit von Zutaten in ökologischer Qualität kann der Verband eine Ausnahmegenehmigung für konventionelle Zutaten bis zu einem Anteil von maximal 5 Prozent genehmigen.

Besteht das Produkt zu 70 bis 95 Prozent aus ökologisch erzeugten Zutaten, darf es laut EU-Verordnung Bio oder Öko nicht im Namen tragen. In diesen Fällen ist es aber erlaubt, die Zutaten aus biologischem Landbau in der Zutatenliste zu kennzeichnen. Das geschieht

Wesentliche Unterschiede zwischen EU-Öko-Verordnung und den Richtlinien der Anbauverbände

Geregelter Bereich	EU-Öko-Verordnung	Richtlinien der Anbauverbände
Umstellung des Betriebs	Umstellung von Teilen des Betriebes möglich.	Umstellung des gesamten Betriebs ist Pflicht.
Maximaler Tierbesatz je Hektar landwirtschaftlicher Fläche	14 Mastschweine, 580 Masthühner, 230 Legehennen	10 Mastschweine, 280 Masthühner, 140 Legehennen
Maximale Düngermenge	170 kg Stickstoff/ha/Jahr	112 kg Stickstoff/ha/Jahr
Zukauf von organischem Handelsdünger	Nicht begrenzt, der Bedarf muss aber von der Kontrollstelle anerkannt sein.	Maximaler Zukauf: 40 kg Stickstoff/ha/Jahr.
Einsatz von Gülle, Jauche etc. aus konventioneller Landwirtschaft	Einsatz unter bestimmten Bedingungen erlaubt.	Einsatz verboten.
Einsatz konventioneller Futtermittel	Höhere Anteile erlaubt, größere Auswahl bei Futtermitteln.	Wenige, eiweißreiche konventionelle Futtermittel erlaubt, sofern nicht in Bioqualität verfügbar.
Erzeugung der Futtermittel im eigenen Betrieb	Erwünscht, aber nicht zwingend.	Mindestens 50 % müssen vom eigenen Betrieb stammen.
Ganzjährige Silagefütterung	Nicht geregelt.	Ganzjährige, ausschließliche Silagefütterung verboten.
Einsatz von Zusatzstoffen	Positivliste mit ca. 47 erlaubten Zusatzstoffen.	Produktionsspezifische Positivlisten: z.B. Demeter erlaubt 14, Bioland 25.
Verwendung gentechnikfreier Enzyme	Ohne Einschränkung zugelassen.	Nur für wenige spezielle Anwendungen erlaubt. Für Backwaren verboten.
Verwendung natürlicher Aromen	Ohne Einschränkung zugelassen.	Nicht erlaubt bzw. nur für wenige Produkte zugelassen.
Herkunft der Rohstoffe	Keine spezielle Regelung.	Alle oder Großteile der Zutaten sind Verbandsware.
Verpackungen	Keine spezielle Regelung.	Positivliste mit erlaubten Verpackungsmaterialien.

Quelle: BÖLW, 25 Antworten zum Stand des Wissens rund um Öko-Landbau und Biolebensmittel, 2007

meist durch Sternchen (*) oder Fußnoten. Sind weniger als 70 Prozent der Zutaten aus ökologischem Anbau, darf das Produkt nicht mit einem Hinweis auf den ökologischen Landbau beworben werden. Wasser, Salz, Hefe und die erlaubten Zusatzstoffe gelten übrigens als »nicht-landwirtschaftliche Zutat« und werden bei den Berechnungen des Bioanteils nicht berücksichtigt.

Deutsches Biosiegel

Die meisten Bioprodukte erkennt man inzwischen an dem deutschen Biosiegel, das 2001 eingeführt wurde. Durch dieses Qualitätszeichen möchte man erreichen, dass der Verbraucher Bioprodukte im Handel auf einen Blick erkennt. Mit dem Biosiegel können Produkte und Lebensmittel gekennzeichnet werden, die nach den Vorschriften der EU-Öko-Verordnung hergestellt und kontrolliert wurden. Die Produkte müssen das Biosiegel aber nicht tragen. Das deutsche Biosiegel steht für Lebensmittel, die nach der EU-Öko-Verordnung hergestellt wurden. Auch ausländische Produkte dürfen das Siegel tragen, wenn sie diese Anforderungen erfüllen.

Das deutsche Biosiegel wird seit 2001 vom Bundesministerium für Ernährung, Landwirtschaft und Verbraucherschutz erteilt. Es ist inzwischen das bekannteste Siegel und kennzeichnet zurzeit über 40 000 Bioprodukte aus dem In- und Ausland.

Neue EU-Öko-Verordnung 2009

Kaum haben wir uns an das deutsche Biosiegel gewöhnt, da scheint es auch schon wieder ausgedient zu haben. Alle Bioprodukte der EU müssen zukünftig mit einem einheitlichen Siegel gekennzeichnet werden. Ab 2009 soll das neue Siegel mehr Transparenz in das wachsende Angebot von Ökoprodukten bringen. Das neue Siegel garantiert den gleichen Mindeststandard für Bio wie das deutsche Biosiegel.

Das deutsche Siegel kann aber weiter zusätzlich verwendet werden, genau wie die Siegel der Anbauverbände. So können sich die Anbauverbände mit ihren strengeren Richtlinien auch zukünftig am Markt abheben.

- Ab 2009 darf das Öko-Logo wie bisher nur angebracht werden, wenn mindestens 95 Prozent der Zutaten ökologischen Ursprungs sind. Allerdings können auch bei nicht ökologischen Erzeugnissen Zutaten ökologischen Ursprungs angegeben werden, dies jedoch ausschließlich auf der Zutatenliste.

- Die Verwendung gentechnisch veränderter Organismen (GVO) bleibt verboten. Allerdings wird ausdrücklich festgestellt, dass die auf 0,9 Prozent festgesetzte Obergrenze für das unbeabsichtigte Vorhandensein von GVO auch für ökologische Erzeugnisse gilt. Umweltschutzverbände hatten hier im Vorfeld eine Obergrenze von 0,1 Prozent gefordert – vergeblich.

- Es wird eine neue Einfuhrregelung geschaffen, in deren Rahmen Drittländer unter gleichen oder entsprechenden Bedingungen auf den EU-Markt exportieren können wie EU-Erzeuger.

- Gleichzeitig wird vorgeschrieben, dass der Ort, von dem die Erzeugnisse stammen, auf dem Produkt aufgeführt werden muss. Das gilt auch für eingeführte Erzeugnisse, die das EU-Logo tragen.

- Die neue Verordnung, heißt es bei der EU, wird auch »die Basis für die Aufnahme von Regeln für ökologische Aquakultur, Wein, Seetang und Hefen schaffen«.

Das Kontrollsystem für Bio

Bestandteil der EU-Öko-Verordnung ist auch ein eigenes Kontrollsystem. Wer »Bio« erzeugen, verarbeiten oder handeln will, muss sich diesem Kontrollsystem unterwerfen. Nur wer die Kontrolleure ins Haus lässt und ihnen nachweist, dass er die Richtlinien der Ökoverordnung einhält, darf seine Produkte Bio oder Öko nennen. Das EU-Gesetz sorgt für einen fairen Wettbewerb und schützt die Verbraucher vor schwarzen Schafen auf dem Biomarkt. Die EU-Öko-Verordnung setzt aber nur den Mindeststandard für Bio fest. Die Richtlinien der Bioanbauverbände haben zum Teil höhere Anforderungen und kontrollieren die Betriebe auch zusätzlich.

Wer kontrolliert?

In der EU gibt es zwei Wege, wie die vorgeschriebenen Kontrollen der Ökoware durchgeführt werden:

- Das Kontrollverfahren über rein staatliche Stellen, wie beispielsweise in Dänemark.
- Ein staatlich überwachtes privates Kontrollsystem, wie es in Deutschland praktiziert wird.

In Deutschland werden Bioprodukte sowohl durch staatliche Überwachungsstellen als auch durch private Kontrollstellen überprüft. Dabei sind die jeweiligen Aufgaben ganz klar getrennt.

Wer kontrolliert was und wen?

Staatliche Überwachungsbehörde	Private Kontrollstelle
Zulassung der Kontrollstelle	Staatliche Überwachungsbehörde
Beaufsichtigt die Durchführung des Kontrollverfahrens durch die privaten Kontrollstellen.	Durchführung der Kontrollen vor Ort, bei Landwirten, verarbeitenden Betrieben und Importeuren.
Sanktionierung von Betrieben bei schwerwiegenden Verstößen.	Sanktionierung von Betrieben bei leichten und mittelschweren Verstößen.
Erteilt Ermächtigung zur Vermarktung von Bio aus Drittländern (Nicht-EU-Länder).	Abgabe von Berichten an die Überwachungsbehörden.

Quelle: EU-Verordnung Ökologischer Landbau

Was passiert in den Kontrollstellen?

Die privaten Kontrollstellen überprüfen das Einhalten der EU-Öko-Verordnung direkt vor Ort. Dabei bekommen nicht nur Biobauern Besuch von der Kontrollstelle, sondern auch alle verarbeitenden Betriebe. Jede dieser Kontrollstellen hat eine bundesweit gültige Kontrollstellennummer, die man auch auf jedem Bioprodukt in Form einer Codenummer findet. Zwischen dem Betrieb und der Kontrollstelle wird ein sogenannter Kontrollvertrag geschlossen. Mit diesem Vertrag verpflichtet sich der Betrieb dazu, die Biovorschriften einzuhalten, und stimmt dem Kontrollprogramm zu.

Jeder Betrieb wird mindestens einmal pro Jahr kontrolliert, bei Bedarf auch öfter. Der Kontrolleur kündigt seinen Besuch in der Regel an, damit die entsprechenden Unterlagen zur Hand sind. Unangemeldete Kontrollen sind aber jederzeit möglich. Die Kosten der Kontrolle müssen die überprüften Betriebe bezahlen.

Bei der Prüfung handelt es sich in erster Linie um eine sogenannte Verfahrenskontrolle. Das heißt, vor allem werden Wareneingänge und Warenausgänge auf ihre Schlüssigkeit geprüft. Alles, was eingekauft oder verkauft wird, muss genau belegt werden, denn nur auf diese Weise kann Bio lückenlos bis zum Erzeuger rückverfolgt werden. Produktproben werden nur stichprobenartig oder bei begründetem Verdacht untersucht.

Bio – das muss man auch beweisen

Für die Kontrollen unterliegen Biobauern einer gewissen Dokumentationspflicht. Im Pflanzenbau zählt dazu die jährliche Anbauplanung, die Aufzeichnung der Fruchtfolge, der Sorten, der Einsatz von Dünger und Pflanzenschutzmitteln. Wer Biotiere hält, muss sorgfältig Buch führen über die Zu- und Abgänge der Tiere, Futtermittel, Futterrationen, Krankheitsvorsorge und Behandlungen durch den Tierarzt. Bei Betrieben, die Bio verarbeiten, werden nicht nur die Rohstoffe, sondern auch die Rezepturen und Verarbeitungstechniken überprüft. Wer neben Bio auch konventionelle Lebensmittel verarbeitet, muss sicherstellen, dass die Verarbeitung sauber getrennt ist. Verstöße gegen die EU-Öko-Verordnung werden hart bestraft und können dazu führen, dass die Produkte nicht mehr als »ökologisch« vermarktet werden dürfen. So sieht dann z.B. die Kontrolle für Biobrot aus: Kontrolliert wird der Biobauer, der das Getreide anbaut, aber auch die Mühle, die das Getreide vermahlt, und natürlich auch der Bäcker, der schließlich das Brot backt.

Noch strenger: Die Verbände

Wer Bio produziert oder verarbeitet und einem Verband des ökologischen Landbaus angeschlossen ist, wird von der Kontrollstelle auch auf die Einhaltung der Verbandsrichtlinien überprüft, die oft noch erheblich strenger sind. Einige Verbände kontrollieren ihre Betriebe noch zusätzlich durch eigene Kontrolleure.

Fazit – Kontrolle von Bio

Kein Bauer bekommt so oft **Besuch vom Kontrolleur** wie der Biobauer. Konventionelle Lebensmittelverarbeiter müssen ihre Bücher bei weitem nicht so offenlegen. Trotzdem finden sich **gelegentlich auch Rückstände in Bio**. Fast immer lässt sich dann aber in kurzer Zeit nachvollziehen, wo das Problem entstanden ist oder ob sogar ein Betrug vorliegt. Das **Kontrollsystem für Bio** scheint sich also zu bewähren.

Sicherheit durch den Code

Wenn Sie Zweifel daran haben, ob Sie auch wirklich Bio in den Händen halten, sollten Sie nach dem Code der Kontrollstelle suchen. Auf jedem echten Bioprodukt muss die Angabe der zuständigen Kontrollstelle aufgedruckt sein, die das Produkt auf die Einhaltung der gesetzlichen Vorgaben für echte Bioqualität geprüft hat. Das sieht dann auf dem Etikett beispielsweise so aus: »DE-001-Ökokontrollstelle«, dabei steht DE für eine deutsche Kontrollstelle, die man anhand der dreistelligen Kennziffer zurückverfolgen kann. Die Codenummer war ursprünglich nur für die Lebensmittelüberwachung und weniger zur Orientierung der Verbraucher gedacht. Sie ist daher oft sehr klein auf dem Etikett zu finden.

Wie erkenne ich Bio bei loser Ware?

Ist die Bioware unverpackt, also z. B. beim Metzger, Bäcker oder auf dem Wochenmarkt, stehen die Angaben zur Kontrollstelle in den Warenbegleitpapieren. Das Verkaufspersonal muss dem Kunden die Kontrollstelle auf Nachfrage nennen und die Papiere vorweisen. An Biomarktständen findet man inzwischen auch immer öfter Hinweisschilder auf die zuständige Ökokontrollstelle.

In einer Liste der Bundesanstalt für Landwirtschaft und Ernährung ist aufgeführt, wo welche Kontrollstelle ihren Sitz hat. Dort können Sie sich erkundigen, ob der Hersteller des Bioproduktes kontrolliert wurde und nach den gesetzlichen Bestimmungen handelt. (Verzeichnis der zugelassenen Kontrollstellen: www.bmelv.de >Landwirtschaft > Ökologischer Landbau > Kontrolle im Ökologischen Landbau)

Fragen rund um Bioprodukte

Der plötzliche Boom von Bioprodukten wirft so manche Frage auf. Die Produkte sehen manchmal anders aus, einige sind nicht so lange haltbar, andere sind sogar länger haltbar als gewohnt, und der Preis ist oft doch deutlich höher. Die Branche lebt von dem Image, »sich und der Umwelt einfach etwas Gutes zu tun«. Trotzdem bleibt da oft ein mulmiges Gefühl, denn mit der Qualität von Lebensmitteln sind wir Verbraucher schon oft getäuscht worden. Da fragt man sich einfach: Ist das wirklich alles Bio? Ist Bio auch wirklich gesünder? Wo kommt so viel Bio plötzlich her?

Ist Bio wirklich Bio?

Die wachsende Flut von Zeichen und Siegeln bei »Bio« stiftet manchmal Verwirrung. Wir haben die unterschiedlichen Siegel schon im vorangegangenen Kapitel ausführlich vorgestellt, deshalb hier nur noch einmal eine kurze Antwort auf diese wichtige Frage: Wo Bio draufsteht, ist auch Bio drin. Seit Einführung der EU-Öko-Verordnung im Jahr 1993 sind die Begriffe »Bio«, »biologisch«, »Öko« und »ökologisch« geschützt. Alle Produkte, die mit einer dieser Bezeichnungen verkauft werden, müssen die Anforderungen dieser Verordnung erfüllen. Dabei ist es ganz egal, ob die Produkte im Bioladen, Supermarkt oder Discounter stehen. Lebensmittel, die sich etwa »Bioapfelsaft«, »Ökokartoffeln« oder »Biohaferflocken« nennen, sind auch wirklich Bioprodukte.

Warum ist Bio teuer?

Für Bioobst und -gemüse zahlen Verbraucher im Schnitt zwischen 30 und 100 Prozent mehr als für Produkte aus der herkömmlichen Landwirtschaft. Fleisch ist in Bioqualität viel teurer als das abgepackte Sonderangebot aus dem Discounter. Für die höheren Preise von Bioqualität gibt es verschiedene Gründe. Durch den Verzicht auf chemisch-synthetische Dünger und Pflanzenschutzmittel sind die Ernteerträge deutlich geringer.
Dieser Verzicht erspart dem Bauern zunächst sogar Kosten für die teure Chemie. Der Ökobauer muss aber im Gegenzug wieder mehr »ackern«, und das ist Arbeitszeit, die ihren Preis hat. Einen Teil der landwirtschaftlichen Flächen muss der Biobauer mit Gründüngungspflanzen besetzen. Diese Pflanzen sind in der Lage, Stickstoff aus der Luft in ihren Wurzeln zu binden. Sie werden untergepflügt und sorgen für einen natürlich gedüngten, fruchtbaren Boden. Diese Flächen fehlen dem Biobauern aber zeitweise für den Anbau pflanzlicher Lebensmittel, die er verkaufen könnte.

Im Preis für Ökoprodukte sind auch die Kosten für die Kontrollen bei Anbau und Verarbeitung enthalten. Auch die Vermarktung spielt eine Rolle für den höheren Biopreis. Bio wird streng getrennt von herkömmlichen Lebensmitteln verarbeitet und transportiert, damit sich die Produkte nicht vermischen. Gerade Discounter und Lebensmittelketten haben hier aber Vermarktungsvorteile gegenüber Bioläden und Co., die sie durch niedrigere Preise an die Verbraucher weitergeben können.

Höhere Preise, nicht nur den Tieren zuliebe?

Ökobauern halten pro Fläche deutlich weniger Tiere. Dabei müssen die Tiere artgerecht gehalten werden: Strengere Vorgaben gibt es hier für den Auslauf im Freien, Tageslicht im Stall und ein gesundes Stallklima, allerdings zurzeit noch mit vielen Ausnahmegenehmigungen! In der ökologischen Tierhaltung werden langsam wachsende Tiere bevorzugt, die sich zudem noch frei bewegen dürfen. Viele Biobauern stellen sich wieder alte, fast ausgestorbene, aber bewährte Haustierrassen in den Stall und auf die Weide.

Das Futter sollte dabei in erster Linie vom eigenen Hof stammen, was aber zurzeit noch nicht durchgehend realistisch ist. Die artgerechtere Tierhaltung hat zur Folge, dass die Tiere erst nach einer im Vergleich zur herkömmlichen Landwirtschaft etwa doppelt so langen Mastzeit geschlachtet werden.

Werden Biotiere krank und erhalten konventionelle Medikamente, dürfen sie erst nach einer doppelt so langen Wartezeit geschlachtet werden wie sonst üblich. Alternativ werden sie als konventionelle Ware vermarktet. Die ökologischen Bedingungen für die Tierhaltung stellen häufig größere Anforderungen an den Tierhalter und führen zu erheblich höheren Kosten. Aber auch die hohen Standards bei der Verarbeitung von Bioprodukten haben ihren Preis. Trotz des Trends zu immer größeren Biobetrieben sind viele Verarbeiter oder Vermarkter von Bio noch kleine Betriebe. Das schafft zwar Arbeitsplätze, kostet aber auch Geld.

Wer bezahlt für die Umweltschäden?

Unsere Lebensmittel werden immer billiger. Lange Zeit zählte nur der Preis beim täglichen Einkauf. Der ständige Preisdruck in der konventionellen Landwirtschaft führte zu einem enormen Einsatz an Dünge- und Pflanzenschutzmitteln. Nur so kann immer mehr Ertrag pro Fläche erzielt werden. Den Preis dafür zahlt nicht nur die Umwelt, sondern auch jeder Einzelne von uns: Einerseits mit Rückständen in Lebensmitteln und Trinkwasser oder gesundheitlichen Problemen (z. B. Allergien); andererseits aber auch mit klingender Münze über die Rechnung der Wasserwerke. Denn die Spuren intensiver Landwirtschaft müssen mit hohem Aufwand wieder aus dem Trinkwasser entfernt werden. Aus gutem Grund fördern daher viele Wasserwerke den ökologischen Landbau in ihrem Einzugsgebiet. Müssten die Folgekosten für die Umwelt von den Erzeugern bezahlt werden, wären die Preisunterschiede zwischen konventionellen Produkten und Bio deutlich geringer. Volkswirte bezeichnen das als sogenannte externe Effekte: Die Gewinne der herkömmlichen Landwirtschaft kommen dem einzelnen Erzeuger zugute, die Schäden an der Umwelt treffen aber uns alle.

Stecken in Bio mehr Vitamine?

Eine wissenschaftliche Studie des schweizerischen Forschungsinstitutes für Biolandbau (FIBL) stellte Bio- und konventionelle Ware 2006 auf den Prüfstein. Das Ergebnis ist eher ernüchternd: Die Wissenschaftler kommen zu der Aussage, dass Bioobst und -gemüse »tendenziell Vorteile beim Gehalt an Vitamin C, Mineralstoffen und sekundären Pflanzenstoffen aufweist«. Bio hat demnach nur leicht die Nase vorn und entpuppt sich nicht als die viel beschworene Vitaminbombe.
Zur Verteidigung muss man allerdings sagen, dass es noch nicht allzu viele Untersuchungen gibt. Der Vitamingehalt von Obst und Gemüse hängt auch viel stärker von der Sorte, dem Standort, der Lagerung

und dem Reifegrad ab als von der Anbauweise. Besser schneidet Bio bei einer Auswertung von über 170 wissenschaftlichen Studien durch österreichische Wissenschaftler (2003) ab: Mehr Vitamin C in Bioäpfeln und Bioweißkohl; 10 bis 50 Prozent mehr sekundäre Pflanzenstoffe als bei konventionellem Obst und Gemüse. Untersucht wurden in erster Linie pflanzliche Lebensmittel. Zur Qualität von tierischen Produkten gibt es deutlich weniger Untersuchungen. Bei Fleisch und Milchprodukten ist die Zusammensetzung der Fettsäuren bei Bio aber häufig ernährungsphysiologisch günstiger. Hier wartet noch viel Forschungsarbeit auf die Wissenschaft.

Weniger Schadstoffe in Bio?

Hier hat Bio eindeutig die Nase vorn. Analysen belegen, dass Obst und Gemüse aus ökologischem Anbau deutlich weniger Nitrat und nur ganz selten Rückstände von chemisch-synthetischen Pflanzenschutzmitteln enthalten. Biobauern verzichten, im Gegensatz zur konventionellen Landwirtschaft, auf den Einsatz dieser Pflanzenschutzmittel. Durch die Wahl standortangepasster Sorten und Arten und das Wachsen auf einem gesunden Boden sind Biopflanzen unempfindlicher gegenüber Krankheiten. Ein gezielter Fruchtwechsel hilft Krankheiten und Schädlingen vorzubeugen. Bioprodukte wachsen aber nicht unter einer Käseglocke: Sie können nur so gut sein wie die Umwelt, in der sie produziert werden. Verunreinigungen mit Pestiziden und Co. wehen aus konventionell bestellten Nachbarfeldern auf den Bioacker oder gelangen während der Verarbeitung in die Bioprodukte.

Pestizide: Bio deutlich besser

Nach Untersuchungen (2006) der Chemischen und Veterinäruntersuchungsämter in Baden-Württemberg über fünf Jahre war die Pestizidbelastung von konventionellen Lebensmitteln 40-mal höher als bei Biolebensmitteln. Besonders bedenklich: Oft sind nicht nur ein oder zwei Pestizide nachweisbar, sondern mehr als zehn verschiedene. Besonders stark belastet sind bei herkömmlichen Lebensmitteln oft Paprika, Salate und Tomaten.

Konventionelles Obst und Gemüse enthält durchschnittlich 0,4 mg Pestizide pro Kilogramm. Der mittlere Pestizidgehalt von Bioobst lag 2006 bei 0,009 mg/kg. Der Wert sinkt sogar auf 0,003 mg/kg, wenn man die Proben aussortiert, die unter dem Verdacht standen, aus herkömmlicher Landwirtschaft zu stammen. Das war besonders bei Zitronen der Fall. Bei Biogemüse lag der mittlere Pestizidgehalt bei 0,019 mg/kg. Ohne Berechnung der auffälligen Proben sinkt der Pestizidgehalt sogar auf 0,002 mg/kg Gemüse. Auffällige Proben im Biobereich stehen unter dem Verdacht, aus dem konventionellen Anbau zu stammen oder mit herkömmlichen Lebensmitteln – bewusst oder versehentlich – vermischt worden zu sein. Speziell Paprika und Möhren waren häufig betroffen. Untersuchungen zur Keimbelastung (z. B. Kolibakterien) zeigen, dass Bio genauso sicher ist wie herkömmliche Lebensmittel. Zu Rückständen in tierischen Lebensmitteln liegen zurzeit kaum Untersuchungen vor. Die Belastung mit giftigen, inzwischen verbotenen Substanzen wie DDT, die sich in Böden und im Wasser befinden, ist bei Bio und herkömmlichen Lebensmitteln etwa gleich hoch und insgesamt sehr gering.

Ist in Bio sicher keine Gentechnik?

Ursache des Biobooms ist unter anderem auch die Ablehnung der Gentechnik: 70 Prozent der Verbraucher in Deutschland wollen keine Gentechnik im Essen. Gesundheitliche Risiken von gentechnisch veränderten Lebensmitteln sind im Gegensatz zu den Umweltauswirkungen noch wenig erforscht. Erst eine generationenübergreifende Forschung kann eventuelle Gefahren durch Agro-Gentechnik beurteilen. Genmanipulierte Pflanzen können jedoch niemals mehr aus der Natur zurückgeholt werden.

Was ist Gentechnik eigentlich?

Der Begriff bezeichnet – vereinfacht gesagt – eine Technik, das Erbgut von Lebewesen im Labor zu verändern. Mit sogenannter Grüner Gentechnik wird das Erbgut von Nutzpflanzen manipuliert: Die Wissenschaftler bauen mit Hilfe dieser Technologie etwa in Getreidesorten Widerstandsfähigkeit gegen bestimmte Schädlinge ein oder gegen einzelne Pestizide. In Reis beispielsweise wurde bereits erfolgreich ein höherer Vitamingehalt »eingepflanzt«: Das Ergebnis nennt sich »golden rice« und soll helfen, die Mangelernährung in manchen Entwicklungsländern zu bekämpfen. Doch: Dieser Reis lässt sich nicht mit restlichen Körnern der letzten Ernte wieder aussäen, sie sind nicht fruchtbar. Die Körner eignen sich nur zum Verzehr. Die armen Kleinstbauern in der Dritten Welt müssen, nachdem man ihnen einmal diesen Reis verkauft hat, jedes Jahr neues Saatgut von der Industrie kaufen.

An diesem Beispiel wird deutlich, warum Kritiker nicht an die karitativen Absichten der Gentechnik-Industrie glauben – auch hier zählen wohl in erster Linie handfeste wirtschaftliche Interessen. Außerdem liegen Gefahren für die Umwelt auf der Hand: Welche Folgen hat es langfristig, wenn sich durch Pollenflug Wildpflanzen mit den manipulierten Pflanzen vermischen? Die Auswirkungen auf die menschliche Gesundheit sind nicht erforscht und werden erst in Jahrzehnten sichtbar werden.

Bio sagt nein zur Gentechnik, aber…

Bei Produkten des ökologischen Landbaus ist der bewusste Einsatz von Gentechnik gesetzlich untersagt. Weder die Richtlinien der EU-Öko-Verordnung noch die der Anbauverbände erlauben den Einsatz gentechnisch veränderter Pflanzen oder Mikroorganismen. Dieses Verbot betrifft auch Futtermittel aus gentechnisch veränderten Pflanzen oder Enzyme, die mit Hilfe von gentechnisch veränderten Mikroorganismen hergestellt werden. Und trotzdem: Geringfügige Beimischungen von gentechnisch veränderten Organismen (GVO) kann man auch bei Bioprodukten nicht ausschließen. Bei Kontrollen der Lebensmittelüberwachung wurden GVO-Spuren auch bei Bio nachgewiesen. Der Schwellenwert für zufällige, technisch unvermeidbare GVO-Beimischungen (z. B. durch Pollenflug) liegt für konventionelle und Bioprodukte einheitlich bei 0,9 Prozent. GVO-Anteile unterhalb dieses Schwellenwertes müssen auch bei Bio nicht gekennzeichnet werden. Ein strengerer Schwellenwert nur für Bioware könnte dazu führen, dass bei gleichen GVO-Anteilen Bio gekennzeichnet werden muss, herkömmliche Lebensmittel aber nicht. Die deutschen Ökoverbände lehnen daher einen speziellen GVO-Wert für Bio ab. Die Anbauverbände wehren sich zurzeit auch gegen Reformvorschläge der EU-Öko-Verordnung, wonach im Ökolandbau auch Stoffe eingesetzt werden dürfen, die mit Hilfe von gentechnisch veränderten Organismen hergestellt wurden, falls die gleichen Stoffe in Bioqualität nicht verfügbar sind. Untersuchungen aus dem Jahr 2006 fanden keine Beanstandungen zur Gentechnik bei Bio und konventionellen Lebensmitteln, die als »ohne Gentechnik« gekennzeichnet wurden.

Zusatzstoffe – doch nicht in Bio?

Die EU erlaubt in der Lebensmittelverarbeitung für konventionelle Lebensmittel über 310 Zusatzstoffe wie Farbstoffe, Konservierungsstoffe, Geschmacksverstärker oder Stabilisatoren. Zusatzstoffe sind Substanzen, die Lebensmitteln absichtlich zugesetzt werden. Fast für jeden Zweck stehen Zusatzstoffe zur Verfügung: Farbstoffe für ein attraktives Aussehen, Konservierungsstoffe für längere Haltbarkeit; Antioxidationsmittel verhindern, dass fetthaltige Produkte ranzig werden; Geschmacksverstärker betonen den Eigengeschmack oder helfen, unerwünschten Geschmack zu überdecken. Die Zusatzstoff-Zulassungsverordnung regelt den Einsatz dieser Stoffe in Lebensmitteln. Auf der Zutatenliste von Lebensmitteln findet man die Kandidaten mit zungenbrecherischen Namen oder als E-Nummern. Aber auch hier gibt es Lücken: Das sogenannte »Carry-over« macht es möglich. So müssen z. B. Zusatzstoffe aus der Salami nicht auf der Zutatenliste der Salamipizza stehen, wenn diese Zusatzstoffe keine technologische Wirkung mehr auf das Endprodukt haben. Lebensmittelrechtlich handelt es sich dann um einen Verarbeitungshilfsstoff, der nicht deklariert werden muss. Das gilt auch für Bio.

Warum sollte man Zusatzstoffe meiden?

- Die gesetzlich zugelassenen Zusatzstoffe gelten zwar nach dem aktuellen Stand der Wissenschaft als gesundheitlich unbedenklich; die **tatsächlichen Risiken** treten aber oft erst nach langer Anwendungszeit zu Tage.
- Immer mehr Menschen **reagieren allergisch** – auch auf Zusatzstoffe. Je länger, je öfter und in je größerer Dosis ein Mensch dem Bombardement von Zusatzstoffen ausgesetzt ist, desto größer die Gefahr einer allergischen Reaktion. Gerade Kinder sollten deshalb vorsichtshalber möglichst wenig dieser Stoffe aufnehmen.
- Viele dieser Stoffe sind **einfach überflüssig**. Farbstoffe und Geschmacksverstärker können den Verbraucher täuschen, indem sie eine natürliche Farbe oder typischen Geschmack vortäuschen.
- Wer Zusatzstoffe meiden möchte, sollte lieber **Bio kaufen** und die **Zutatenliste genau studieren**. Gleichzeitig schützt natürlich der Verzicht auf Fertiggerichte und stark verarbeitete Lebensmittel vor Zusatzstoffen.

Weniger ist mehr ...

Dass es auch mit deutlich weniger Zusatzstoffen geht, zeigen Bioprodukte. Sie müssen sich laut EU-Verordnung mit 47 (Stand Dezember 2007) Zusatzstoffen begnügen. Farbstoffe, Stabilisatoren, Konservierungsstoffe (Ausnahme: geschwefelter Wein) und Geschmacksverstärker sind vollständig verboten. Außerdem sind Zusatzstoffe in Bioprodukten nur für die Fälle erlaubt, in denen das Lebensmittel ohne die betreffenden Stoffe nicht hergestellt oder haltbar gemacht werden kann. Noch einen Schritt weiter gehen die Richtlinien der ökologischen Anbauverbände (z. B. Bioland, Demeter), indem sie weitere Zusatzstoffe ausschließen. Bioland beschränkt sich auf 25 Zusatzstoffe, bei Demeter sind es 14. Bisher gibt es nur wenige Zusatzstoffe, die auch in Bioqualität hergestellt werden. Biolecithin, Bioguarkernmehl und Biojohannisbrotkernmehl sind die Vorreiter. In der Regel werden in Bioprodukten die gleichen Zusatzstoffe verwendet wie in konventionellen Lebensmitteln – die Anzahl der zugelassenen Zusatzstoffe ist jedoch beschränkt.

Aromen – ein Thema bei Bio?

Bei der Herstellung von Lebensmitteln werden fertige Aromamischungen eingesetzt, die aus bis zu 100 Einzelkomponenten bestehen können. Laut EU-Öko-Verordnung dürfen in Bioprodukten nur natürliche Aromen eingesetzt werden. Dazu zählen lebensmittelrechtlich auch Aromaextrakte und ätherische Öle. Sie können, müssen aber nicht extra deklariert werden. Der Einsatz von naturidentischen und künstlichen Aromen ist bei Bio gesetzlich verboten.

Ist Bio aus dem Ausland wirklich Bio?

Um den steigenden deutschen Bioappetit zu sättigen, muss immer mehr Bio aus dem Ausland importiert werden. Außerdem wollen viele Verbraucher zwar auf Pestizide verzichten, nicht aber auf exotisches Obst und Gemüse. Auch Bio aus sogenannten Drittländern, also Ländern, die nicht zur EU gehören, wird streng kontrolliert. Für Bananen, Kakao, Kaffee oder andere Bioprodukte aus Übersee gilt, dass sie nach Biostandards erzeugt werden müssen, die denen der EU entsprechen. Entweder gelten in den Ländern ähnlich strenge Ökoverordnungen oder ein sogenannter Zertifizierer aus der EU kontrolliert direkt vor Ort und garantiert, dass die importierten Lebensmittel tatsächlich Bio sind. Weltweit hat der Biodachverband IFOAM (International Federation of Organic Agriculture Movement) Basisrichtlinien für die Erzeugung und Verarbeitung von Bio festgelegt, an denen sich Biobauern orientieren. So weit die Theorie. Wie will man aber Bio in Ländern wie z. B. China anbauen, wo die Böden teilweise großflächig verseucht sind und die Menschen in manchen Gegenden einen Mundschutz tragen, um sich vor der Außenluft zu schützen? In den vergangenen Jahren wurden mehrfach Bioimporte aus China gestoppt, weil sie zu hohe Schadstoffbelastungen aufwiesen. Deutsche Kontrollstellen beklagen auch, dass ihren Beanstandungen in den Herkunftsländern nur halbherzig nachgegangen wird. So zählen Sultaninen aus der Türkei, Frühkartoffeln aus Ägypten und sizilianische Möhren seit Jahren zu den Pestizid-Dauerbrennern. Wenn Bio weite Transportwege zurücklegt, kippt zudem die günstige Ökobilanz von Bio wieder. Der größte Klimakiller ist hier Flugware. Macht sich Bio per Luftfracht auf die Reise, entsteht mindestens die 300-fache Umweltbelastung wie bei der Vermarktung regionaler Ware. Erdbeeren aus Chile, Bohnen aus Kenia oder Ananas aus Costa Rica haben dann einen gewaltigen Energierucksack im Gepäck.

Vorsicht, Trittbrettfahrer

Ein Markt, der schnell wächst, zieht natürlich auch Trittbrettfahrer an, die es mit der Qualität nicht so genau nehmen. Die Gewinnspannen sind groß, wenn sich konventionelle Produkte auf dem Papier zu Bio mausern. Im Jahr 2005 analysierten die baden-württembergischen Untersuchungsämter 50 Proben Biomöhren – acht davon aus Italien. Alle acht enthielten Spuren von Pestiziden. Ende 2006 flog ein spanischer Zitronenbauer auf, der seine Biozulassung verloren hatte. Trotzdem versuchte er, seine Ware auf dem deutschen Biomarkt zu verkaufen. Bei Bio aus dem Mittelmeerraum sehen viele Bioeinkäufer und Kontrollstellen inzwischen ganz genau hin.

 ## Fazit – Bio aus dem Ausland

Bioobst und -gemüse aus Italien oder Spanien fiel in der Vergangenheit öfter durch Rückstände auf als deutsche Ware. Dabei handelte es sich meist nicht um absichtliche Verstöße. Oft wurden die Produkte in Wasch- und Packanlagen verunreinigt, in denen vorher konventionelle Lebensmittel verarbeitet wurden. Mitunter wird aber auch konventionelle Ware als Bio deklariert. Sicherer ist die Ware der deutschen Anbauverbände.«

Vorsicht, Biofallen!

Neben den durch die EU-Öko-Verordnung seit 1993 geschützten Bezeichnungen »Bio«/»biologisch«, »Öko«/»ökologisch« oder »aus biologischer/ökologischer Landwirtschaft« tummelt sich eine Reihe von fantasievollen Begriffen auf den bunten Verpackungen von Lebensmitteln, die dem Verbraucher eine ökologische Herkunft vortäuschen sollen. Daher sollte man lieber ganz genau hinschauen. Vorsicht, hinter solchen Begriffen lauern typische »Biofallen«: »alternativ«, »aus alternativer Haltung«, »auf Gründünger gewachsen«, »aus integrierter Landwirtschaft«, »aus kontrolliertem Anbau«, »aus Vertragsanbau«, »aus umweltschonendem Anbau«, »biologische Schädlingsbekämpfung«, »naturgedüngt«, »gewachsen ohne Chemie«, »ohne Spritzmittel«, »nicht chemisch behandelt« »ohne Kunstdünger«, »unter unabhängiger Kontrolle«, »unbehandelt«, »ungespritzt«, »umweltverträglich«, »von staatlich anerkannten Bauernhöfen« etc.

Lassen Sie sich von solchen Formulierungen nicht verwirren. Achten Sie lieber auf das deutsche Biosiegel, die Labels der Anbauverbände (siehe Einkaufsführer) und suchen Sie die Codenummer der Ökokontrollstelle auf dem Etikett. So können Sie sicher sein, dass Sie wirklich Bio in Händen halten.

4 Lebensmittel im Kreuzverhör

Eier, Obst, Gemüse und Kartoffeln werden am häufigsten aus Bioanbau gekauft; gefolgt von Milchprodukten und Backwaren. Dabei lebt das Image der Biobranche von dem Bild des guten alten Bauernhofs, auf dem die Welt noch in Ordnung ist. Vielfach muss man sich von diesen Vorstellungen aber verabschieden. Während etwa das typische Bioland Bayern gewachsene Strukturen aufweist, entstehen im Osten große Biobetriebe, die die Nachfrage von Handelsketten bedienen können. So liegt die durchschnittliche Größe ökologisch wirtschaftender Betriebe in Bayern bei 27,5 Hektar, in Mecklenburg-Vorpommern bei 170 Hektar.

Pflanzliche Lebensmittel

Obst und Gemüse stehen tagtäglich mehrmals auf unserem Speisezettel – jedenfalls bei den Menschen, die sich gesund und ausgewogen ernähren möchten. Umso wichtiger ist es da, dass gerade auch diese Nahrungsmittel, die wir idealerweise in großer Menge zu uns nehmen, den optimalen Nährstoffgehalt haben und nicht durch Schadstoffe verunreinigt sind.

Obst und Gemüse: Vitamine oder Pestizide?

Wenn es nach Ernährungsexperten geht, sollte man jeden Tag fünf Portionen Obst und Gemüse verzehren. Die Früchtchen liefern nicht nur reichlich Vitamine, Mineral- und Ballaststoffe, sondern auch eine Vielzahl von sogenannten »sekundären Pflanzenstoffen«, die eine wahre Wohltat für unseren Körper sind. Wie erschreckend wirken dann die Nachrichten über Pestizidbelastung von Obst und Gemüse! Pestizide werden in der intensiven Landwirtschaft eingesetzt, um die Kulturpflanzen von Unkraut und Schädlingen zu befreien oder ihre Haltbarkeit zu beeinflussen. Die eingesetzten Substanzen haben es oft in sich und entfalten krebserregende und hormonähnliche Wirkungen oder schädigen das Erbgut bzw. das Immunsystem. Laut Pestiziduntersuchungen der EU-Kommission (Pesticide Residue Monitoring 2003) waren EU-weit 42 Prozent der über 45 000 untersuchten Obst-, Gemüse- und Getreideproben mit Rückständen von Pflanzenschutzmitteln belastet. Bei rund fünf Prozent der Proben lag die Belastung sogar deutlich über dem gesetzlichen Grenzwert. Besonders kritisch für die Gesundheit des Verbrauchers sind hier sogenannte Mehrfachrückstände, da sich verschiedene Stoffe in ihrer Wirkung gegenseitig verstärken können. Analysen zeigen: Bis zu 16 verschiedene Pestizide scheinen bei Obst und Gemüse aus konventionellem Anbau an der Tagesordnung zu sein. Greenpeace entdeckte im Jahr 2005 sogar 18 verschiedene Pestizide in türkischen Tafeltrauben.

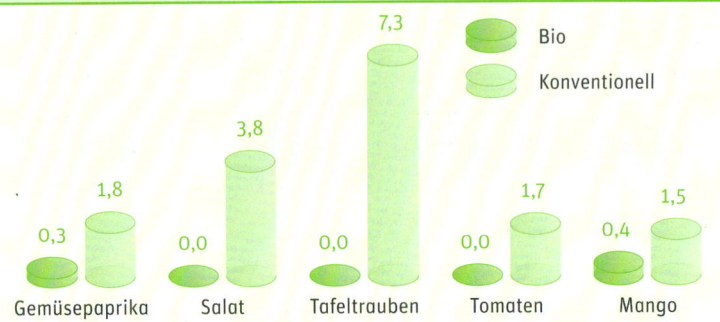

Mittlere Anzahl mehrerer Pestizide pro Probe

Bio

Konventionell

	Gemüsepaprika	Salat	Tafeltrauben	Tomaten	Mango
Bio	0,3	0,0	0,0	0,0	0,4
Konventionell	1,8	3,8	7,3	1,7	1,5

Quelle: Der »kleine« Unterschied, Obst und Gemüse aus ökologischem und konventionellem Anbau im Pestizidvergleich, im Auftrag von Greenpeace e.V. und Bundesverband Naturkost, Naturwaren, Herstellung und Handel e.V., 2007

Salat, weil er ja so gesund ist!

Inzwischen scheinen immer mehr Pestizide auf den konventionellen Acker zu kommen. Untersuchungen z. B. von Greenpeace zeigen, dass die Belastung mit Pestiziden insgesamt zunimmt. Der Anteil von Paprika, dessen Belastung den gesetzlichen Grenzwert erreichte oder sogar überschritt, stieg von 23 Prozent im Jahr 2003 auf 27 Prozent im Jahr 2004. Gleichzeitig ging der Anteil von rückstandsfreier Paprika von 55 auf 27 Prozent zurück. Laut Bundesamt für Verbraucherschutz und Lebensmittelsicherheit (BVL) verdoppelten sich die gesundheitlich bedenklichen Überschreitungen bei Pestiziden in nur vier Jahren (von 4,2 Prozent 1998 auf 8,7 Prozent 2002). Obst und Gemüse von Supermärkten nahmen die Tester von Greenpeace 2005 unter die Lupe: Von 658 untersuchten Proben vergab Greenpeace 163-mal die Note »nicht empfehlenswert«, das sind immerhin 25 Prozent. Vor allem in Tafeltrauben, Pfirsichen und Kopfsalat fanden die Tester so hohe Pestizidgehalte, dass direkt daraus entstehende Gesundheitsschäden möglich waren. Die Greenpeace-Untersuchungen aus 2006 kommen zu ähnlichen Ergebnissen. Mit den gleichen Tätern: Wieder stammen die meisten mit Pestiziden belasteten Proben aus Spanien, der Türkei und Italien. Auch die Rückstandsdaten aus dem Jahre 2006 in Baden-Württemberg machen nicht so richtig Appetit auf konventionelles Grünzeug: Neun von zehn Salaten und zwei von drei Tomatenproben enthielten Pestizide. Im Schnitt waren rund 81 Prozent der konventionellen Proben mit Pestiziden belastet. Es gibt aber auch wirklich gute Nachrichten: 87 Prozent der untersuchten Bioproben enthielten keine Pestizide. Biotrauben, Biotomaten und Biosalate waren bei den Untersuchungen in Baden-Württemberg (2006) komplett rückstandsfrei.

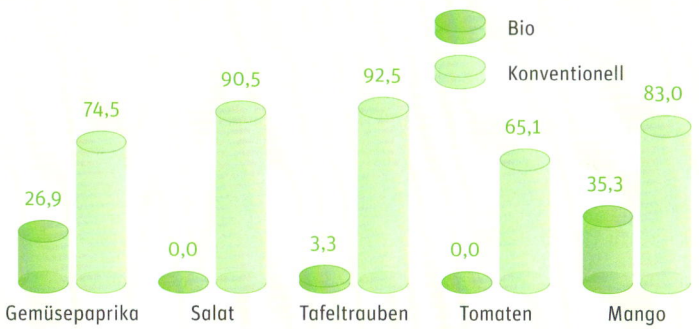

Pestizidrückstände bei konventionellen und Bioprodukten im Vergleich (Angabe der Proben mit Rückständen in Prozent)

Bio
Konventionell

Gemüsepaprika	Salat	Tafeltrauben	Tomaten	Mango
26,9 / 74,5	0,0 / 90,5	3,3 / 92,5	0,0 / 65,1	35,3 / 83,0

Quelle: Der »kleine« Unterschied, Obst und Gemüse aus ökologischem und konventionellem Anbau im Pestizidvergleich, im Auftrag von Greenpeace e.V. und Bundesverband Naturkost, Naturwaren, Herstellung und Handel e.V., 2007

Das steckte in Obst und Gemüse!

Bei einer Untersuchung im Jahr 2006 entdeckte Greenpeace erschreckend hohe Pestizidrückstände in konventionell angebautem Obst und Gemüse.
Hier einige Beispiele:

■ Johannisbeeren, Stachelbeeren und Kirschen: 88 Prozent der Proben enthielten Rückstände, teilweise deutlich mehr als noch 2005.

- 31 von 32 untersuchten Pfirsichen und Nektarinen enthielten Rückstände.
- Erdbeeren aus dem Ausland (Frühware!) waren zu 93 Prozent mit Pestiziden belastet (2005).
- Von 23 untersuchten Tafeltrauben war nur eine Probe frei von Pestiziden.
- Von 21 untersuchten Salatproben war keine frei von Pestiziden. 24 Prozent erreichten sogar die gesetzlichen Höchstmengen oder überschritten diese.

Bei Grünzeug besser Bio kaufen?

Obst und Gemüse aus ökologischem Anbau enthält in der Regel keine Pestizide. Das bestätigen mehrere unabhängige Studien aus den letzten Jahren. Die durchschnittliche Pestizidbelastung lag bei Bioobst und -gemüse bei zwei Mikrogramm pro Kilo, konventionelle Ware enthielt im Vergleich 300 Mikrogramm pro Kilo. Das ist auch kein Wunder, denn der Einsatz von Pestiziden ist bei Bio grundsätzlich verboten. Dass sie trotzdem in Spuren in Bioware zu finden

Mittlere Pestizidgehalte, nach Ökomonitoring 2006

	Alle als Öko vermarktete Proben	Ökoproben ohne Beanstandung*	Proben aus konventionellem Anbau
Obst	0,009 mg/kg	0,003 mg/kg	0,36 mg/kg
Gemüse	0,019 mg/kg	0,002 mg/kg	0,48 mg/kg
Gesamt, inklusiv verarbeiteter Erzeugnisse	0,015 mg/kg	0,006 mg/kg	Keine Angaben

* Beanstandete Proben: Proben, die wegen der irreführenden Bezeichnung »Öko« auffielen, aber aus der konventionellen Landwirtschaft stammten.

sind, liegt daran, dass auch Bio nicht unter einer Käseglocke produziert wird, sondern in einer Umwelt mit vielen Belastungen. Pestizide wehen aus den Nachbarfeldern auf den Bioacker oder gelangen während Verpackung und Verarbeitung in die Bioprodukte. Im Rahmen eines staatlichen Untersuchungsprogramms (Ökomonitoring) werden in Baden-Württemberg bereits seit Jahren Bioprodukte unter die Lupe genommen. 2006 wurden 504 Proben pflanzlicher Lebensmittel auf mehr als 500 verschiedene Pestizide getestet. Hier gibt es gute Nachrichten: Die bereits geringe Zahl der Beanstandungen hat im Vergleich zum Vorjahr noch weiter abgenommen. Beanstandet wurden in Einzelfällen z. B. Endivien- und Kopfsalat aus Italien, Gemüsepaprika aus Israel oder Marokko und Brokkoli aus Italien. Während deutsche Biomöhren überwiegend frei von Rückständen waren, enthielten neun von zehn italienischen Proben Rückstände. Bei Biomöhren scheint der Bedarf über dem Angebot zu liegen, so dass konventionelle Ware als Bio verkauft wird. Auch in dem großen Angebot von Bio beim Discounter wurde anhand der Untersuchungsergebnisse übrigens kein Unterschied zu der Qualität anderer Anbieter festgestellt.

Fazit – Obst und Gemüse

Ganz eindeutig: Daumen hoch für Bio! Wer Pestizide meiden möchte, sollte bei Grünzeug zu Bio greifen.

So vermeiden Sie Pestizidrückstände:

- Bioprodukte sind in der Regel frei von Pestiziden.
- Kaufen Sie bevorzugt heimische Ware nach der Saison.
- Waschen Sie Obst und Gemüse gut.
- Konventionelle Zitrusfrüchte schälen, Hände gut waschen und dann erst verzehren. Ansonsten verzehren Sie die Schadstoffe von der Schale leicht mit.

Auch das noch: Nitrat im Gemüse?

In Gemüse findet sich oft Nitrat, das als gesundheitsschädlich gilt. Dabei ist Nitrat zunächst gar kein Problem. Die Stickstoffverbindung kommt natürlicherweise im Boden vor. Bedenklich ist eigentlich das Nitrit, das durch Umwandlungen aus Nitrat entstehen kann. In Lebensmitteln passiert das vor allem beim langsamen Abkühlen und Wiederaufwärmen von nitratreichen Lebensmitteln, wie z.B. Spinat. Nitrit hemmt den Sauerstofftransport im Blut, was besonders für Säuglinge und Kleinkinder gefährlich sein kann. Es bildet aber zusammen mit Eiweißverbindungen (z.B. aus Milch, Fleisch) auch sogenannte Nitrosamine, die im Verdacht stehen, krebserregend zu sein. Nitrat findet sich auch im Trinkwasser. Hier gilt ein gesetzlich festgelegter Höchstwert von 50 mg Nitrat pro Liter.

Ursachen für hohe Nitratgehalte

Biogemüse hat in der Regel einen geringeren Nitratgehalt, was eine direkte Folge der Düngung ist. Biobauern setzen organische Dünger ein, die Nitrat langsamer und in kleineren Mengen an den Boden ab-

Nitrat: Wer speichert wie viel?

1. Hohe Nitratgehalte: 1000–4000 mg/kg
Endivien, Feldsalat, Fenchel, Kohlrabi, Kopfsalat, Mangold, Radieschen, Rettich, Rucola, Spinat, Rhabarber, Rote Bete.

2. Mittlere Nitratgehalte: 500–1000 mg/kg
Chinakohl, Grünkohl, Sellerie, Möhren, Blumenkohl, Wirsing, Zucchini, Weißkohl.

3. Niedrige Nitratgehalte: unter 500 mg/kg
Auberginen, Bohnen, Brokkoli, Erbsen, Chicoree, Gurken, Kartoffeln, Lauch, Paprika, Rosenkohl, Rotkohl, Schwarzwurzeln, Spargel, Tomaten, Zwiebeln.

geben. Folge: Die Pflanzen nehmen weniger Nitrat auf. Nitrat aus Mineraldünger, der in der konventionellen Landwirtschaft in großen Mengen eingesetzt wird, ist gut wasserlöslich. Die Pflanzen speichern den Stoff in großen Mengen, und was übrig bleibt, findet sich im Grundwasser wieder.

Tipps: So vermeiden Sie Nitrat

- Kaufen Sie Biogemüse der Saison.

- Vermeiden Sie Treibhausware und Wintersalate, denn: Bestimmte Pflanzenteile wie Blattstiele, Sprossachsen und Wurzeln speichern besonders viel Nitrat im Gegensatz zu Blättern, Beeren, Früchten.

- Gemüse aus dem eigenen Garten nur organisch düngen und abends ernten.

- Entfernen Sie bei Blattgemüse und Blattsalaten die Blattrippen und Stiele vor der Zubereitung, denn: Wenig Licht und hohe Temperaturen führen zu einer hohen Nitrataufnahme der Pflanzen. Dies ist vor allem im Winter, in geheizten Treibhäusern und ganzjährig in den Folienhäusern Südspaniens und anderswo der Fall.

- Gemüse kühl, dunkel und kurz aufbewahren.

- Halten Sie nitratreiches Gemüse nicht über längere Zeit warm und wärmen sie es nicht auf. Die Hitzezufuhr beschleunigt die Bildung von Nitrit.

- Nehmen Sie ausreichend Vitamin C und E auf, die der Bildung von Nitrosaminen entgegenwirken.

- Verwenden Sie zur Zubereitung von Säuglingsnahrung nitratarme Gemüsesorten und vorzugsweise Bioware der Saison aus der Region.

Die Wissenschaft hat festgestellt …

Die Auswertung von 175 wissenschaftlichen Studien ergab:

■ Vitamine

Bioweißkohl enthielt 30 Prozent mehr Vitamin C. Auch bei Tomaten und Äpfeln fanden Wissenschaftler bei Bioware einen höheren Vitamin-C-Gehalt. Der Beta-Carotin-Gehalt von Möhren war um 12 Prozent höher.

■ Mineralstoffe

Biozwiebeln und Biokartoffeln enthielten deutlich höhere Mengen an 21 verschiedenen Mineralstoffen und Spurenelementen, die den Stoffwechsel günstig beeinflussen. Besonders hohe Unterschiede fanden sich für Magnesium (29 Prozent mehr), Eisen (21 Prozent mehr), Phosphor (14 Prozent mehr), aber auch für Selen, Zink und Chrom.

■ Sekundäre Pflanzenstoffe

Der Gehalt an wertvollen sekundären Pflanzenstoffen liegt bei Bio zwischen 10 und 50 Prozent höher als bei konventionellem Obst und Gemüse. Sekundäre Pflanzenstoffe (etwa Phenol, Flavonoide, Lycopin etc.) können vielfach gesundheitsfördernd wirken – etwa Krebs vorbeugen, das Immunsystem stimulieren, den Blutdruck regulieren oder Bakterien hemmen. Bioäpfel wiesen einen 19 Prozent höheren Phenolwert auf. In den Schalen von roten Biotrauben fand man 26 Prozent höhere Phenolgehalte. Die Gehalte von Bioflavonoiden in Kartoffeln war nahezu verdoppelt. Biologisch gedüngte Tomaten wiesen deutlich höhere Lycopingehalte auf. Biologisch gedüngte Pfirsiche und Birnen hatten einen deutlich höheren Gehalt an Polyphenolen. In Biogemüsesäften war der Flavongehalt bis zu 10-fach höher.

■ Haltbarkeit

Rote Bete und Kartoffeln hatten als Bioware eine um 50 Prozent bessere Lagerfähigkeit. Auch Biospinat überzeugte durch eine deutlich bessere Haltbarkeit. Biogemüse wachsen langsamer, enthalten weniger Wasser und haben so einen deutlich höheren Gehalt an Trockensubstanz und festere Gewebestrukturen.

Quelle: Alberta Velimirov, Werner Müller: Die Qualität biologisch erzeugter Lebensmittel. Ergebnisse einer umfassenden Literaturrecherche, Wien 2003

Bio oft Gammelware?

Biofrüchtchen verderben aber auch manchmal schneller als die herkömmliche Ware. Das liegt daran, dass bestimmte Konservierungsstoffe verboten sind.

So keimen Biokartoffeln schneller, weil sie nicht mit Keimhemmungsmitteln behandelt werden, und Zitrusfrüchte schimmeln schneller, da ihre Schale nicht mit Konservierungsstoffen (E 231, E 232) besprüht wird. Dafür sind die Schalen dann aber essbar. Ansonsten sind die Zeiten, in denen Bio öfter mit hygienischen Problemen kämpfte, aber vorbei.

Gemüse nach der Saison, gibt es das überhaupt noch?

Spargel und Erdbeeren zu Weihnachten, süße Trauben im Frühling – kaum eine Gemüse- oder Obstsorte, die es inzwischen nicht das ganze Jahr über zu kaufen gibt. Liebgewonnene Exoten wie Bananen, Mango und Ananas möchte ja auch keiner mehr missen, schließlich wachsen die süßen Früchtchen einfach nicht auf deutschen Äckern. Dabei hat es doch durchaus seinen Reiz, sich auf die Spargelsaison, die Erdbeerzeit oder die ersten neuen Äpfel zu freuen.

Obst und Gemüse außerhalb der Saison stammt oft aus dem Treibhaus und/oder nimmt eine lange Reise auf sich. Viele dieser Früchtchen werden unreif geerntet und können dann nicht mit Geschmack überzeugen. Wintertomaten von den Kanarischen Inseln wachsen auch im Treibhaus oder unter Folie, werden grün gepflückt und müssen dann auf ihrer langen Reise nachreifen. Wen wundert es, dass da die holländischen Kollegen inzwischen wieder mit mehr Geschmack überzeugen.

Konventionelle Produkte wie Blattsalate oder Erdbeeren fallen gerade außerhalb der Saison immer wieder durch hohe Pestizidbelastungen auf. Der Griff zu saisonalen Produkten, möglichst aus biologischem Anbau, schont nicht nur die Ökobilanz, sondern wird auch durch ein besseres Geschmackserlebnis belohnt.

Saisonkalender für Obst*

✈ – Import   🍃 – Freiland aus dem Inland
▣ – Lagerware   ⌂ – oft aus dem Treibhaus/Folienanbau

Obst | Monat	Jan.	Feb.	Mär.	Apr.	Mai	Jun.	Jul.	Aug.	Sept.	Okt.	Nov.	Dez.
Ananas	✈	✈	✈	✈	✈	✈	✈	✈	✈	✈	✈	✈
Apfel	✈▣	✈▣	✈▣	✈▣	✈▣	✈▣	✈▣	✈🍃	✈🍃	✈🍃	✈▣🍃	✈▣
Apfelsinen	✈	✈	✈	✈	✈	✈	✈	✈	✈	✈	✈	✈
Aprikosen						✈🍃	✈🍃	✈🍃	✈	✈		
Avocados	✈	✈	✈	✈	✈	✈	✈	✈	✈	✈	✈	✈
Bananen	✈	✈	✈	✈	✈	✈	✈	✈	✈	✈	✈	✈
Birnen	✈▣	✈▣	✈▣	✈	✈	✈	✈🍃	✈🍃	✈🍃	✈🍃	✈▣	✈▣
Brombeeren	✈						🍃	🍃	🍃	🍃		
Erdbeeren	✈⌂	✈⌂	✈⌂	✈🍃	✈🍃	🍃	🍃	🍃	🍃	✈🍃	✈⌂	✈⌂
Feigen	✈	✈	✈	✈	✈	✈	✈	✈	✈	✈	✈	✈
Grapefruits	✈	✈	✈	✈	✈	✈	✈	✈	✈	✈	✈	✈
Heidelbeeren					✈	✈🍃	🍃	🍃	✈	✈		
Himbeeren					🍃	✈🍃	✈🍃	✈🍃	✈🍃			
Johannisbeeren, rot						🍃	🍃	🍃	🍃			
Johannisbeeren, schwarz							🍃	🍃				
Kirschen, sauer						✈🍃	🍃	✈🍃				
Kirschen, süß					✈	✈🍃	✈🍃	✈🍃				
Kiwi	✈	✈	✈	✈	✈	✈	✈	✈	✈	✈	✈	✈
Mango	✈	✈	✈	✈	✈	✈	✈	✈	✈	✈	✈	✈
Melonen	✈	✈	✈	✈	✈	✈	✈	✈	✈	✈	✈	✈
Mirabellen, Renekloden					✈	✈🍃	✈🍃	✈🍃	✈			
Papaya	✈	✈	✈	✈	✈	✈	✈	✈	✈	✈	✈	✈
Pfirsiche, Nektarinen					✈	✈	✈🍃	✈🍃	✈	✈	✈	✈
Pflaumen, Zwetschgen	✈	✈	✈	✈	✈	✈	✈🍃	✈🍃	✈🍃	✈🍃	✈	✈
Preiselbeeren	✈						✈🍃	✈🍃	✈🍃	✈🍃		
Quitten	✈	✈								✈🍃	✈🍃	✈
Rhabarber	✈	✈	🍃	🍃	🍃	🍃	✈					
Stachelbeeren						✈🍃	✈🍃	✈🍃	✈			
Tafeltrauben	✈	✈	✈	✈	✈	✈	✈	✈🍃	✈🍃	✈🍃	✈	✈
Wassermelonen	✈	✈	✈	✈	✈	✈	✈	✈	✈	✈	✈	✈
Zitrusfrüchte	✈	✈	✈	✈	✈	✈	✈	✈	✈	✈	✈	✈

Saisonkalender für Gemüse*

Legende:
✈ – Import　　🌿 – Freiland aus dem Inland
▦ – Lagerware　⌂ – oft aus dem Treibhaus/Folienanbau

Gemüse | Monat	Jan.	Feb.	Mär.	Apr.	Mai	Jun.	Jul.	Aug.	Sept.	Okt.	Nov.	Dez.
Auberginen	✈	✈	✈	✈	✈	✈🌿	✈🌿	✈🌿	✈🌿	✈	✈	✈
Blumenkohl	✈	✈	✈	✈	✈🌿	✈🌿	✈🌿	✈🌿	✈🌿	✈🌿	✈🌿	✈
Bohnen	✈	✈	✈	✈	✈⌂	✈🌿⌂	✈🌿	✈	✈🌿	✈	✈	✈
Brokkoli	✈	✈	✈	✈	✈🌿	✈🌿	✈🌿	🌿	✈	✈	✈	✈
Chicorée	✈⌂	✈⌂	✈⌂	✈⌂				✈⌂	✈⌂	✈⌂	✈⌂	✈⌂
Chinakohl	✈▦	✈▦	✈▦	✈🌿	✈🌿	✈🌿	🌿	🌿	🌿	✈🌿	✈🌿	✈▦
Eisbergsalat	✈⌂	✈⌂	✈⌂	✈⌂	✈🌿⌂	✈🌿	🌿	🌿	✈⌂	✈⌂	✈⌂	✈⌂
Endivien	✈⌂	✈⌂	✈⌂						✈🌿⌂	✈🌿⌂	✈⌂	⌂
Erbsen	✈	✈	✈	✈	✈	✈🌿	✈	✈	✈	✈	✈	✈
Feldsalat, Rapunzel	✈⌂	✈⌂	✈⌂	✈⌂	✈⌂				🌿	🌿	🌿	✈🌿⌂
Gemüsefenchel	✈	✈	✈	✈	✈	✈	✈🌿	✈🌿	✈🌿	✈	✈	✈
Gemüsepaprika	✈⌂	✈⌂	✈⌂	✈⌂	✈⌂	✈🌿	✈🌿	✈🌿	✈🌿	✈🌿	✈⌂	✈⌂
Grünkohl	🌿	🌿	🌿									🌿
Gurken (Salat-)	✈⌂	✈⌂	✈⌂	✈⌂	✈⌂	✈⌂	✈⌂🌿	✈⌂🌿	✈⌂	✈⌂	✈⌂	✈⌂
Kartoffeln	✈▦	✈▦	✈▦	✈	✈🌿	✈🌿	✈🌿	✈🌿	✈🌿	✈🌿	✈▦	✈▦
Kohl	▦	▦	▦	▦	▦	🌿	🌿	🌿	🌿	🌿	🌿	▦
Kohlrabi	✈	✈	✈	⌂	⌂🌿	🌿	🌿	🌿	🌿	🌿	⌂	⌂
Kopfsalat	✈⌂	✈⌂	✈⌂	✈⌂	✈⌂	✈🌿	🌿	🌿	🌿	✈⌂	✈⌂	✈⌂
Kürbis	✈	✈					🌿	🌿	🌿	🌿	🌿	✈
Möhren	✈▦	✈▦	✈▦	✈▦	✈▦	✈▦🌿	✈🌿	🌿	✈🌿	✈🌿	✈▦	✈▦
Porree, Lauch	✈🌿	✈🌿	✈🌿	✈🌿	✈	✈	🌿	🌿	🌿	🌿	🌿	🌿
Radieschen	✈⌂	✈⌂	✈⌂	✈⌂	🌿	🌿	🌿	🌿	🌿	🌿	✈⌂	✈⌂
Rettich	▦	▦	▦	▦			🌿	🌿	🌿		▦	▦
Rosenkohl	🌿	✈🌿	✈🌿						✈🌿	✈🌿	✈🌿	✈🌿
Rote Bete	✈▦	✈▦	✈▦	✈▦	✈▦	🌿	🌿	🌿	🌿			
Sellerie	▦	▦	▦	▦	▦		🌿	🌿	🌿			▦
Spinat	✈⌂	✈⌂	✈🌿⌂	✈🌿	✈🌿	🌿	🌿	🌿	🌿	✈🌿	✈⌂	✈⌂
Staudensellerie	✈	✈	✈	✈	✈	✈🌿	✈🌿	✈🌿	✈🌿	✈🌿	✈	✈
Tomaten	✈	✈	✈	✈⌂	✈⌂	✈⌂	✈🌿⌂	✈🌿⌂	✈🌿⌂	✈⌂	✈⌂	✈
Zucchini	✈	✈	✈	✈	✈	✈🌿	🌿	🌿	🌿	✈⌂	✈	✈
Zwiebeln	✈▦	✈▦	✈▦	✈▦	✈▦	✈▦	✈🌿	🌿	🌿	✈🌿	✈▦	✈▦

* modifiziert nach aid-Saisonkalender/Greenpeace-Ernte-Kalender

Säfte: Obst aus der Flasche?

Biosäfte werden nach dem Pressen kurz geschleudert, um grobe Trübstoffe zu entfernen, und einige Sekunden bei 80 bis 85 Grad pasteurisiert, um eine Gärung zu verhindern. Das Ergebnis nennt sich dann naturtrüber Direktsaft. Viele konventionelle Säfte werden noch zusätzlich gefiltert und mit Enzymen behandelt, bis sie klar sind. Dabei gehen wertvolle sekundäre Pflanzenstoffe verloren, die an die Trübstoffe gebunden sind. Noch mehr wertvolle Stoffe verliert ein Saft, wenn er zu Konzentrat verarbeitet wird. Das Konzentrat wird dann kurz vor dem Abfüllen mit Wasser verdünnt und mit Geschmacksstoffen aufgepeppt. Nach der EU-Öko-Verordnung ist das Filtrieren und Klären von Biosaft ebenso zulässig wie der Einsatz von Konzentrat. Die deutschen Anbauverbände verbieten den Einsatz von Konzentraten. Biosäfte sind auch frei von synthetischen Vitamincocktails, die man in herkömmlichen Multivitaminsäften oft findet.

Eine Flasche, auf der »Fruchtsaft« steht, muss 100 Prozent Saft enthalten – frisch gepresst oder aus verdünntem Konzentrat. Konventionelle Säfte dürfen – im Gegensatz zu Biosäften – folgende Zusätze enthalten: Pektine (Gelierstoffe aus der Apfelschale), die ein Absinken von Schwebstoffen verhindern; Ascorbin- und Zitronensäure, die die Haltbarkeit verlängern, und künstlich hergestellte Vitamine, die Multivitaminsäften zugesetzt werden.

Fazit – Säfte

Wenn Sie Biosaft der deutschen Anbauverbände kaufen, erwerben Sie **mit Sicherheit kein verdünntes Konzentrat**, wie es bei Säften nach der EU-Öko-Verordnung zulässig ist. Viele Biosäfte werden aber in klaren Flaschen angeboten, so dass sie dem Licht ausgesetzt sind. Dadurch gehen Vitamine verloren. Besser: **Biosaft aus braunen Flaschen** oder Kartonverpackungen kaufen.

In vino veritas: Biowein gibt es gar nicht?

In Deutschland betreiben etwa 350 Winzer ökologischen Weinbau. Sie verzichten auf chemisch-synthetische Spritzmittel, leicht lösliche mineralische Dünger und auf den Einsatz von Gentechnik. Das deutsche Biosiegel kennzeichnet auch bei Wein die Einhaltung der EU-Öko-Verordnung. Sie regelt allerdings nur den Anbau der Trauben. Die sogenannte Kellerwirtschaft, also die Weiterverarbeitung der Trauben und eigentliche Weinherstellung, ist nicht durch eine Bioverordnung geregelt. Rein rechtlich gesehen gibt es daher auch gar keinen Biowein. Ein Wein, der nach den Vorschriften der EU-Öko-Verordnung erzeugt wurde, wird gekennzeichnet als »Wein aus Trauben aus ökologischem Anbau«. Die meisten deutschen Biowinzer arbeiten aber nicht nur nach der EU-Öko-Verordnung, sondern sind in einem der Anbauverbände (Bioland, Demeter, Ecovin, Gäa, Naturland) organisiert, deren Standards für den Anbau der Trauben noch strenger sind.

Grundsätze im Weinbau

Der Verband Ecovin gründete sich 1985 als größter Zusammenschluss ökologisch arbeitender Weingüter in Deutschland. Ökologischer Weinbau heißt bei Ecovin:

- Wiederherstellung, Erhalt und Steigerung natürlicher Bodenfruchtbarkeit durch Kulturmaßnahmen und Bodenbearbeitung.
- Konsequenter Verzicht auf chemisch-synthetische Dünger, Erziehung gesunder, widerstandsfähiger Pflanzen.
- Förderung und Mehrung der Artenvielfalt der Pflanzen- und Tierwelt im Weinberg.
- Verwendung schadstoffarmer Rohstoffe und Wiederherstellung eines weitgehend geschlossenen Produktionskreislaufs.
- Reduzierung der Gewässer- und Bodenbelastung durch den Verzicht auf Nitrate, Phosphate und Pflanzenschutzmittel.
- Ablehnung genmanipulierter Pflanzen.

Der Biowinzer spritzt auch

Auch der Bioweinbau kommt in Deutschland nicht ohne Spritzmittel aus. Mit Kupfer und Schwefel rückt der Biowinzer Pflanzenkrankheiten wie Echtem und Falschem Mehltau oder der Blattfall- und Lederbeerenkrankheit zu Leibe. Gerade Pflanzenschutzmittel mit Kupfer kommen aus Gründen des Gewässer- und Bodenschutzes immer wieder in die Diskussion.

Für den Bioweinberg hat man daher Minimierungskonzepte entwickelt und sucht auf Hochtouren nach Alternativen. Für Kupfer gilt bei den Anbauverbänden eine Höchstgrenze von 3 kg pro Hektar (Obergrenze EU-Öko-Verordnung: 6 kg pro ha); Ecovin begrenzt den Kupfereinsatz auf 15 kg in fünf Jahren.

Biowinzer setzen auf robuste Rebensorten und stärken die bodeneigenen Abwehrkräfte – etwa auch durch Pflanzenextrakte. Pilzbefall bekämpft der Biowinzer im Weinberg auch mit Natriumbicarbonat (bekannt als Backpulver). Schädlinge werden Opfer von Pheromonfallen oder Nützlingen.

Schwefel – ein Biothema?

Heute werden fast alle Weine – auch Bio – mit Schwefel haltbar gemacht, genauer gesagt durch Schwefeldioxid (SO_2). Schwefeldioxid reagiert mit Sauerstoff und verhindert so Reaktionen (Oxidationen), die sich negativ auf Farbe und Geschmack auswirken könnten. Gleichzeitig wird die Aktivität unerwünschter Bakterien gehemmt. Grundsätzlich brauchen Weine mit viel Restsüße mehr Schwefel als trockene, um eine erneute Gärung in der Flasche zu vermeiden. In den Mittelmeerländern gilt das ungeschriebene Gesetz, dass sich die Qualität eines Weines unter anderem durch einen geringen Schwefelgehalt auszeichnet. Deutschland und Österreich sehen das Thema Schwefel etwas lockerer. Für die Biowinzer gelten bei uns die gleichen Grenzwerte wie für konventionelle Weinbauern.

Fazit – Wein

Noch vor einigen Jahren erkannte man den Bioweinberg ganz einfach: Hier grünte und blühte es, während beim konventionellen Nachbarn jegliches Kraut unter den Rebstöcken eliminiert war. **Heute hat sich das Bild geändert:** Auch immer mehr konventionelle Winzer setzen auf den grünen Weinberg und produzieren ökologische Weine, ohne sie als Bio zu vermarkten. Der Begriff **Bio steht bei Wein in erster Linie für die Arbeit im Weinberg** und weniger für die Kellerarbeit.

Hopfen und Malz ...

Dem Reinheitsgebot aus dem Jahr 1516 sei Dank: Deutsches Bier gilt als das Naturprodukt schlechthin. Auf Bierflaschen findet man nur vier Zutaten: Wasser, Gersten- oder Weizenmalz, Hopfen und Brauhefe. Besonders große Brauereien setzen aber so manchen technischen Trick ein, um schneller und preiswerter brauen zu können. Beispielsweise dürfen sie das Wasser mit Ionenaustauschern oder Aktivkohle bearbeiten. Für Hopfen und Malz ist Schwefel als Konservierungsstoff zugelassen, bei der Gerste sind chemische Lagerschutzmittel erlaubt. Der Hopfen gelangt meist nur noch als Extrakt in die Sudpfanne, hergestellt mit Hilfe chemischer Lösungsmittel. Obergäriges Bier darf gezuckert und mit Zuckerkulör (E 150 a) eingefärbt werden. Polyvinylpolypyrrolidon (PVPP/E 1202) darf zum Einsatz kommen, um Eiweiß zu fällen.

Biobrauer machen tatsächlich noch Ernst mit dem Reinheitsgebot. Sie verzichten auf pestizidgespritzte Zutaten und erlaubte Hilfsstoffe, von denen viele Biertrinker nichts ahnen. Biogetreide und der Hopfen werden ohne Kunstdünger und Pestizide angebaut. Gerade der Biohopfenanbau ist sehr aufwendig – zurzeit gibt es in Deutschland nur fünf Bioanbauer. Aber der Aufwand lohnt sich, denn konventioneller Hopfen ist oft erheblich mit Pestiziden belastet. In der EU-

Öko-Verordnung ist das Brauverfahren nicht geregelt. Die deutschen Biobrauer richten sich in der Regel nach den Vorgaben der Anbauverbände. Danach kommen nur natürliche Hopfendolden ins Bier. Hopfenextrakte, die mit Lösungsmitteln gewonnen werden, dürfen nicht ins Biobier. Die einzige erlaubte Veränderung am Brauwasser ist das Enthärten mit Kalkmilch. Zulässig ist dagegen das Filtrieren von Biobier. Viele Biobiere kommen aber naturtrüb in den Handel und sind etwas kürzer haltbar.

Fazit – Bier

Die wenigen deutschen Biobrauer richten sich nach den Richtlinien der Anbauverbände, da nach der EU-Öko-Verordnung der **Brauvorgang nicht geregelt** ist. Diese hervorragende Bioqualität von Zutaten und Verarbeitung schmeckt man – Biobier ist erste Wahl!

Brot im Preiskrieg

Wenn es um das tägliche Brot geht, sind wir Deutsche mal wieder Spitzenreiter: Etwa 80 Kilogramm isst jeder Bundesbürger pro Jahr, mehr als jeder andere Europäer. Kein Wunder, denn weltweit gibt es in keinem Land so viele verschiedene Brotsorten. Inzwischen tobt aber in Deutschland ein wahrer Preiskrieg um unser tägliches Brot. Discounter und Backshops bieten Brot zu wahren Dumpingpreisen an. Während der Verbraucher beim Bäcker für ein Kilo Brot gut zwei Euro bezahlt, locken ihn die Discounter mit Brotpreisen unter 50 Cent pro Kilo. Diese Entwicklung hat wirtschaftliche Folgen: Gab es 1994 in Deutschland noch 25 000 Bäckereibetriebe, waren es 2004 nur noch 17 000 – besonders dramatisch grassiert das Bäckersterben in den Großstädten. Mitte 2007 näherte sich die Zahl schon bedenklich der 16 000er-Marke.

Höhere Preise für dasselbe Angebot?

Viele Bäckereien sind aber an ihrer Misere selbst schuld – bieten sie doch trotz höherer Preise nicht unbedingt bessere Qualität: Die meisten Bäckereien arbeiten inzwischen mit Industriepulver statt mit dem altbewährten Sauerteig. Neben Mehl, Salz und Wasser wandern heute Gärcontroller, Brotstabilisatoren, Emulgatoren, Mehlbehandlungsmittel und Konservierungsstoffe in die Rührmaschinen. Immer mehr im Trend sind fertige Backmischungen oder Vorgefertigtes, das der Bäcker einfach in den Ofen schiebt. Diese Produkte enthalten oft zahlreiche Zusatzstoffe, die die Teigverarbeitung erleichtern, Backwaren schöner aussehen und knuspriger schmecken lassen.

Biobäcker: Weniger ist mehr

Rohstoffe aus ökologischem Anbau, ein hoher Anteil an Vollkornbrot, ein Minimum an Zusatzstoffen und handwerkliche Tradition – das zeichnet Biobäckereien aus. In Biobrot steckt nur Getreide aus ökologischem Anbau. Wer ein Kilogramm Biobrot kauft, sorgt dafür, dass zwei Quadratmeter Acker biologisch bewirtschaftet werden können. In der Biobackstube geht der Teig mit drei erlaubten Lockerungsmitteln: Hefe, Sauerteig und Backferment. Backferment ist eine Erfindung der Biobäcker und besteht aus Honig, Getreide und Hülsenfrüchtemehl. Es kann in allen Getreidesorten eingesetzt werden und eignet sich besonders für Menschen, die keine Backhefe vertragen. Sogenannter Kunstsauer hat beim Biobäcker nichts verloren. Dabei handelt es sich um eine Mischung synthetisch hergestellter Säuren, die in konventionellen Bäckereien oft den traditionellen Sauerteig ersetzt.

Wenige Hilfsmittel fürs Biobrot

Die deutschen Bioverbände, denen fast alle deutschen Biobäcker angeschlossen sind, erlauben als Triebmittel für Backwaren nur Zutaten aus Omas Backbuch: Weinstein, Pottasche und Hirschhornsalz. Natronlauge ist nur für Laugengebäck zugelassen. Daneben noch

Lecithin als Emulgator (kommt auch im Eigelb vor) z. B. für Schoko-Überzüge. Gelatine und pflanzliche Verdickungsmittel finden sich in Tortenguss oder Cremefüllungen.

Was der Biobäcker nicht ins Brot mischt:
- Enzyme wie Amylasen, die für mehr Volumen im Teig sorgen, oder Proteasen, die den Teig elastischer machen.
- Synthetische (künstlich hergestellte) Ascorbinsäure, die bei Weizen die Backeigenschaften verbessert.
- Phosphate und Glyceride für eine schöne Krume.
- Konservierungsstoffe wie Kaliumsorbat.
- Naturidentische und natürliche Aromen.

Die EU-Öko-Verordnung ist hier wieder großzügiger als die Regeln der Bioverbände und erlaubt den Einsatz von Enzymen und natürlichen Aromen. Auch Biohefe ist für die EU kein Muss.

Ist Biobrot seinen Preis wert?

Viele Vitamine und Mineralstoffe, aber auch wertvolle Ballaststoffe und sekundäre Pflanzenstoffe finden sich in der Schale der Getreidekörner. Damit diese Stoffe auch im Brot landen, setzen Biobäcker überwiegend Vollkornmehl oder Schrot ein. Viele Betriebe haben sogar eigene Mühlen und mahlen das Getreide erst kurz vor dem Backen. So bleiben die empfindlichen Inhaltsstoffe besser erhalten. Helles Auszugsmehl in Bioqualität verwendet der Biobäcker für Kuchen oder Backwaren, die mit Vollkornmehl nicht so gut gelingen. Wenn man sich diesen Aufwand vor Augen führt, wird klar, warum Biobrot einfach seinen Preis wert ist. Auch immer mehr Großbäckereien backen Biobrot und verkaufen es über Supermarktketten. Sie backen in der Regel nach den Vorgaben der weniger strengen EU-Öko-Verordnung und beziehen die Rohstoffe oft aus dem Ausland. Bei Biobrot aus dem Supermarkt kann man auch schon mal auf Produkte aus Schweden oder Polen stoßen.

Tappen Sie nicht in die Vollkorn- oder Körnerfalle

Der Begriff Vollkorn sagt aus, dass ein Getreideprodukt aus dem ganzen Korn hergestellt wird. Dabei müssen die Körner aber nicht im Brot zu sehen sein. Auch Vollkornmehl kann ganz fein vermahlen sein, wie weißes Mehl. Ganz anders sieht es bei den meisten »Körnerbrötchen« oder »Körnerbroten« aus. In der Regel handelt es sich dabei um Produkte aus hellem Auszugsmehl, die als Vollkornbrot verkleidet werden. Da wird oft mit Malz gefärbt und durch die Zugabe von »Körnern« (z. B. Leinsamen, Kürbiskerne, Sonnenblumenkerne) der Eindruck erweckt, dass es sich um ein Vollkornprodukt handelt. Die Preise sind dann entsprechend hoch. Lassen Sie sich auch nicht durch schöne Begriffe wie »Vollwert«, »Mehrkorn« oder »Kraftkorn« etc. über den Tisch ziehen. Für Vollkorn gilt: Nur wenn Vollkorn draufsteht, muss auch Vollkornmehl oder Vollkornschrot verarbeitet worden sein. Vollkornbrot muss mindestens zu 90 Prozent aus Vollkornmehl oder -schrot bestehen.

Der feine Unterschied beim Mehl

Nährstoffe in Milligramm je 100 Gramm	Weißes Weizenmehl Type 550	Weizenvollkornmehl
Vitamin B_1	0,1	0,5
Vitamin B_2	0,1	0,2
Vitamin B_6	0,1	0,5
Folsäure (in Mikrogramm)	7,0	28,0
Vitamin E	0,2	1,4
Kalzium	16,0	32,0
Eisen	1,5	3,4
Kalium	126,0	337,0
Magnesium	10,0	124,0
Phosphor	113,0	345,0

Quelle: Interaktive Lebensmittelanalyse, Uni Hohenheim/www.was-wir-essen.de

Warum Biogetreide besser ist

- Der Gehalt an lebensnotwendigen Eiweißbausteinen (essenzielle Aminosäuren) ist in Getreide und Hülsenfrüchten vom Bioacker nachweislich höher.
- Bioweizen hat einen geringeren Gehalt an giftigem Kadmium.
- Zum Schmunzeln? In Futterwahlversuchen mit Kaninchen, Hühnern und Ratten hatten die Tiere die Wahl zwischen Bio und herkömmlichen Getreide und Gemüse. Alle Tiere bevorzugten Bio. Vermutlich hatte Bio einen intensiveren Geruch und traf so den tierischen Geschmack. Bei Tieren (Ratten, Kaninchen und Hühnern), die biologisch gefüttert wurden, stellten Wissenschaftler eine höhere Fruchtbarkeit fest.
- Wer ein Kilo Biobrot kauft, sorgt dafür, dass zwei Quadratmeter Acker biologisch bebaut werden können. Weil nicht gespritzt wird, gibt es auf dem Bioacker mehr Wildkräuter und Insekten. Seltene Vögel wie Feldlerche und Singdrossel finden Nahrung.
- Auch das Klima profitiert vom Biogetreideanbau. Für die Produktion von einem Kilogramm Ökogetreide wird ein Drittel weniger Energie verbraucht als beim konventionellen Anbau.

Fazit – Brot

Fragen Sie beim Kauf von Brot ganz gezielt nach, was genau verbacken worden ist. Oft wird weißes Mehl nur braun gefärbt, um es »gesünder« wirken zu lassen, und Brot und Brötchen werden mit einigen Körnern und Samen bestreut. Studieren Sie bei verpacktem Brot die Zutatenliste: Wo Vollkorn draufsteht, ist auch Vollkorn drin. Im Bioladen oder beim Biobäcker in Ihrer Nähe sind Sie auf der sicheren Seite. Biobäcker verwenden auch keine Fertigbackmischungen mit synthetischen Zusatzstoffen, wie es bei konventionellen Bäckereien und besonders bei Discounter-Brot häufig der Fall ist.

Tierische Lebensmittel

Der ökologische Landbau will keine flächenlose Tierhaltung und begrenzt die Zahl der Tiere pro Fläche. Der Tierbesatz darf maximal zu einem errechneten Dunganfall von 170 Kilogramm Stickstoff je Hektar Acker-/Weideland und Jahr führen. Ein beliebter Ausweg sind Kooperationen mit anderen – viehschwachen – Ökobetrieben: Diese liefern Futter und erhalten im Gegenzug den Dung. Anders wären die neuen, riesigen Bio-Produktionsbetriebe kaum möglich.

Fleisch: Immer noch ein Stück Lebenskraft?

Fleisch ist – in Maßen genossen – ein hochwertiges Lebensmittel, das wichtige Nährstoffe wie Eiweiß, Vitamine und Spurenelemente enthält. Jedoch ist kein Lebensmittel in den letzten Jahren so sehr in die Kritik gekommen: Hormonrückstände, Rinderwahnsinn, Maul- und Klauenseuche, Salmonellen oder Gammelfleisch sind nur einige Stichworte. Gerade die aggressive Preispolitik von Lebensmittel-Discountern hat Fleisch zu einem Ramschartikel verkommen lassen. Bilder von Tieren aus der »modernen« Massentierhaltung verderben so manchem Tierfreund den Appetit: Den Anblick von todkranken Hühnern in Legebatterien und finsteren Schweinemastanlagen vergisst man nicht so schnell. Der Tierschutz wird daher in Deutschland immer mehr zu einem Entscheidungskriterium beim Einkauf tierischer Lebensmittel. Produzenten und Handel reagieren auf diese Nachfrage. Eine wahre Flut von »Qualitätsmarken« und »Fleischsiegeln« überschwemmt die Fleischtheken. Für den Verbraucher bleiben sie meistens ein Buch mit sieben Siegeln. So kann die Werbung mit dem Begriff »aus artgerechter Tierhaltung« z. B. Bio vortäuschen. Diese Bezeichnung ist jedoch in keiner Weise geschützt, so dass sie jeder nach Gutdünken verwenden kann. Begriffe wie aus »ökologischer Landwirtschaft« oder »Bio« und »Öko« sind dagegen gesetzlich geschützt.

Schwachstelle Tierfutter

Moderne Futtermittel in der konventionellen Landwirtschaft haben mit Grünfutter und Getreide nur mehr wenig zu tun. Das belegen sich ständig wiederholende Lebensmittelskandale, die meistens im Futtermittel ihren Ursprung haben: BSE-verseuchtes Tiermehl, Altöl, hormonell wirksame Pharmaabfälle, Nitrofen aus alten Spritzmittellagern und Dioxin sind nur einige Beispiele. Wenn es um das Futter für Masttiere geht, zählt für die Landwirte in erster Linie der Preis. Denn moderne Futtermittel müssen als billiger Treibstoff zur Verfügung stehen, mit dem Rind, Schwein und Co. zu Höchstleistungen gebracht werden – und zwar so billig wie möglich. Angereichert werden Tierfuttermischungen durch eine Vielzahl von Zusatzstoffen wie Vitamine, Mineralstoffe und Spurenelemente. Dazu gesellen sich aber auch Aromen und Geschmacksverstärker, die den Appetit der Masttiere fördern sollen, und sogenannte Wachstumsförderer, um die Mastzeiten zu verkürzen.

Bei Bio kommt kein Billigfutter in die Tröge. Biobauern verfüttern überwiegend selbst erzeugtes Futter. Hat ein Betrieb nicht ausreichend Ackerfläche, kann er auch Futter von anderen Biobetrieben zukaufen. Biobauern verwenden keine chemisch-synthetischen Pflanzenschutz- und Stickstoffdüngemittel. Auch Futtermittel aus gentechnisch veränderten Organismen oder Bestandteile hieraus sind verboten. Gleiches gilt für Antibiotika zur Leistungsförderung, synthetische Aminosäuren und Fischmehl (verboten z. B. bei Bioland). Trotzdem: Wenn Biofutter knapp wird, dürfen Biobauern – unter Auflagen – zurzeit noch konventionelles Futter zukaufen.

Artgemäße Tierhaltung – ein Überblick

Leitbild des Biolandbaus ist eine artgemäße Tierhaltung. Die Bedürfnisse der Tiere werden insbesondere beim Stallbau, bei der Gestaltung des Auslaufs und der Fütterung berücksichtigt. Die Tiere haben ausreichend Stallfläche, Einstreu und das ganze Jahr über – mindestens 200 Tage – Auslauf ins Freie. In der ökologischen Landwirtschaft werden Tiere zur Mast eingesetzt, die langsamer wachsen. Bevorzugt werden anpassungsfähige, vitale Rassen. Sogenannte Hormone zur Brunstsynchronisation (dabei wird die Empfängnisbereitschaft der weiblichen Tiere einer Herde mit Medikamenten auf einen Zeitpunkt eingestellt – das ist billiger bei der Besamung) sind verboten. In der biologischen Tierhaltung sind gentechnische Eingriffe und der Embryotransfer (Embryonen von sehr leistungsfähigen Kühen werden in die Gebärmutter anderer Kühe eingesetzt) untersagt. Außerdem können sich die Tiere bewegen. So werden Biotiere erst nach einer etwa doppelt so langen Mastzeit geschlachtet wie Tiere aus der herkömmlichen Aufzucht. Für Biotiere sind die Transportzeiten zum Schlachthof begrenzt. Das erspart den Tieren unnötigen Stress und zeigt sich auch in der Fleischqualität und dem Geschmack.

Trotzdem ist die Marktbedeutung von Biofleisch in Deutschland verschwindend gering. Im Jahr 2006 lag der Anteil von Biorindfleisch bei 1,7 Prozent, für Bioschweinefleisch waren es gerade mal 0,5 Prozent. Bei Fleischwaren und Wurst liegt der Gesamtanteil bei 0,7 Prozent (Stand 2007/ZMP). Der Biofleischmarkt ist jedoch im Aufbruch und legte 2006 um knapp 20 Prozent zu. Gerade bei Bioschweinefleisch übersteigt die Nachfrage in Deutschland das Angebot deutlich. Vermutlich wird die Produktion 2007 eine Höhe von 200 000 Bioschweinen erreichen. Bei 52 Millionen geschlachteten Schweinen wäre das ein Anteil von 0,4 Prozent.

Marktanteil von Biofleisch in Prozent

	2004	2005	2006
Fleisch (ohne Geflügel)	0,5	0,6	0,7
Geflügel	0,3	0,3	0,3
Fleischwaren/Wurst	0,5	0,6	0,6

Quelle: ZMP-Analyse auf Basis des GFK-Haushaltspanels

Keine Regel ohne Ausnahme – auch bei Bio

Nicht alle Regelungen der ökologischen Tierhaltung lassen sich sofort und hundertprozentig umsetzen. Deshalb gibt es in der EU-Öko-Verordnung immer noch **Ausnahmen und Fristen**, die von vielen Biobauern auch gerne in Anspruch genommen werden: Zum Beispiel

- haben Biobauern **bis 2010 Zeit, ihre Ställe so zu bauen**, dass sie alle Richtlinien im Detail erfüllen.
- sind auch **eiweißhaltige Futtermittel** ein Problem. Produkte wie Kartoffel- oder Maiseiweiß gibt es kaum in ökologischer Qualität. Sie dürfen daher – in begrenzter Menge – in konventioneller Qualität zugekauft werden. Gerade die **Anbauverbände fordern aber 100 Prozent Biofutter für Biotiere**. Zurzeit laufen viele Versuche, solche Futtermittel durch Bohnen, Lupinen und andere heimische Pflanzen aus Bioanbau zu ersetzen.

Auch Biotiere werden einmal krank

Biobetriebe verabreichen – mit der Ausnahme von Impfungen – keine Medikamente vorbeugend. Vielmehr soll das Immunsystem der Tiere vorbeugend gestärkt werden – durch Hygienemaßnahmen, artgerechte Haltung und Fütterung. Außerdem werden den Tieren keine Höchstleistungen in der Mast oder Produktion (z. B. Milch, Eier) abverlangt.

Bei starkem Parasitenbefall oder Krankheiten werden natürlich auch Biotiere behandelt. Dabei kommen bei gesicherter Wirkung auch homöopathische und naturheilkundliche Medikamente zum Einsatz. Nach der Behandlung mit herkömmlichen Medikamenten verdoppeln Biobetriebe die reguläre Wartezeit, bis Fleisch, Milch und Eier verkauft werden dürfen. Das verringert das Risiko von Arzneimittelrückständen in tierischen Lebensmitteln.

Der letzte Gang endet immer am Schlachthof

Wenn ein Schwein die Wahl hätte, würde es vielleicht lieber zu Hause sterben. Doch Hausschlachtungen sind heute die Ausnahme. Es gibt auch immer weniger Metzgereien, die noch selber schlachten. Die meisten Tiere enden heute zur Schlachtung in Großbetrieben. Das hat zur Folge, dass die Tiere immer längere Wege auf ihrem letzten Gang zurücklegen müssen. Daher wurde von der EU eine Tierschutztransportverordnung erlassen, die Tiertransporte auf Straße, Wasser und Schiene auf acht Stunden begrenzt. Problematisch ist dabei, dass Schlachtvieh oft ins außereuropäische Ausland transportiert wird, denn hier gilt die Verordnung nicht. Biotiere reisen kürzer zum Schlachthof: Die deutschen Anbauverbände begrenzen die maximale Entfernung auf 200 Kilometer und die Transportdauer auf vier Stunden. Außerdem bleiben Biotieren – laut Vorschrift – Stromstöße und Beruhigungsmittel auf dem Weg zum Schlachthof erspart.

BSE durch Tiermehl?

Hergestellt wird **Tiermehl aus Schlachthausabfällen, toten Nutztieren wie Rindern, Schweinen und Geflügel, sowie verendeten Haus- und Wildtieren.** In Deutschland werden die Kadaver in Tierkörper-Beseitigungsanstalten verarbeitet und zu Futterpellets gepresst: ein preiswerter Eiweißlieferant für das Futter von Nutztieren. Bereits Anfang der 1980er Jahre traten **erste Anzeichen von BSE in Großbritannien bei Rindern** auf, die mit Tiermehl gefüttert wurden. Auch die verstorbenen **BSE-Rinder wurden zunächst weiter zu Tiermehl verarbeitet** und an Rindvieh verfüttert. Inzwischen ist in der EU Tiermehl als Futtermittel für Wiederkäuer verboten, für Schweine und Geflügel aber weiterhin erlaubt. Für Biotiere war das Verfüttern von Tiermehl schon immer verboten, und das bleibt auch so.

Rinder: Das sind doch keine Kannibalen ...

... sondern Wiederkäuer, also reine Pflanzenfresser. Trotzdem hat man sie zu »Kannibalen« gemacht, indem man sie mit Tiermehl – zu Pulver vermahlenen Artgenossen – gefüttert hat.

Zwischen Alm und Strick

Die Werbung gaukelt es uns vor: Glückliche Kühe, die auf einsamen Almwiesen verträumt auf einem Grashalm kauen. Diese Kühe gibt es tatsächlich, aber es werden immer weniger. Landwirte, die mit Milch und Rindfleisch auch ihr Brot verdienen wollen, müssen inzwischen immer mehr Tiere halten, um von ihrem Beruf leben zu können. Was der Bauer hauptsächlich verkaufen will (Rindfleisch, Kalbfleisch, Milch) bestimmt, wie das Rindvieh lebt. In speziellen Mastbetrieben werden die Tiere ganzjährig im Stall gehalten – teilweise angebunden – und stehen dabei auf sogenannten Vollspaltenböden. Das erleichtert die Arbeit bei der Entsorgung der Kuhfladen. Je weniger sich die Tiere bewegen, desto schneller erreichen sie ihr Schlachtgewicht. Daher gibt's reichlich was ins Futter: Maissilage, Getreide und Sojaextraktionsschrot, denn Tiermehl ist ja zurzeit offiziell verboten. Bei der Haltung von Rindern sind aber auch die Unterschiede in der konventionellen Landwirtschaft groß.

Leben Biorinder wirklich besser?

Für Biorinder ist die sogenannte artgerechte Rinderhaltung vorgeschrieben. Das heißt, die Tiere müssen in der Vegetationsperiode auf die Weide. In der kalten Jahreszeit zieht auch das Biorind in den Stall, es muss aber Zugang zu einem Laufhof oder einer Weide haben. Eine ganzjährige Stallhaltung ist für Biorinder nicht erlaubt. Auch der Speiseplan sieht etwas anders aus: Der Rauhfutteranteil (Gras und Heu) muss für die Wiederkäuer bei mindestens 60 Prozent liegen. Futtermittel, die mit Lösungsmitteln behandelt wurden (Extrak-

Unterschiede in der Rindermast: ein Überblick

	Biorindermast	Konventionelle Rindermast	Warum macht der Biobauer das?
Auslauf	Weide oder ganzjährig zugänglicher Laufhof. Anbindehaltung mit Ausnahmegenehmigung bis 2010.	Weidegang oder ständiger Auslauf nur bei Mutterkuhhaltung üblich. Anbindehaltung oft üblich. Große regionale Unterschiede.	Artgemäße Bewegung. Frische Luft stärkt die Abwehrkräfte.
Liegefläche	Mit Stroh, Spelzen, Sägemehl eingestreut.	Oft ohne Einstreu. Rinder stehen oder liegen auf Betonboden mit Spalten.	Weiche Liegeflächen schonen Gelenke und Klauen.
Stallfläche	Pro Mastrind (350 kg) mindestens 5 m².	Pro Mastrind (ab 600 kg) Richtwert: 3 m².	Ermöglicht ein artgerechtes Sozialverhalten.
Gras- und Maissilage	Silagefütterung überwiegend im Winter. Im Sommer Gras oder Heu.	Ganzjährige Silage-Fütterung verbreitet.	Frisches Weidegras ist natürliches Sommerfutter, das ohne zusätzlichen Energieaufwand an die Tiere verfüttert werden kann.
Kraftfutter	1 bis 2 kg pro Tag.	Je nach Rasse bis zu 4–5 kg pro Tag.	Natürliches, langsames Wachstum der Tiere ist erwünscht.
Tierbesatz	Höchstens 2 Rinder pro Hektar landwirtschaftlicher Nutzfläche.	Indirekte Begrenzung durch die Düngeverordnung, die besagt, wie viel Gülle/Mist pro Hektar landwirtschaftlicher Produktionsfläche ausgebracht werden darf.	Zur Gewährleistung der hofeigenen Fütterung und Düngung der Pflanzen: Kreislaufwirtschaft.
Enthornung	Wenn überhaupt, dann nur mit dem Brennstab.	Mit Brennstab oder Ätzstift. Schwänze werden teilweise kupiert.	Nach der Brennstabenthornung heilt die Wunde besser.

tionsschrote), dürfen nicht ins Futter. Die Anbindehaltung ist bei Biorindern eigentlich verboten. Trotzdem bleibt auch dem Biorind der Strick nicht erspart. Bis 2010 gibt es hier eine Ausnahmegenehmigung für alte Stallgebäude. Das Biorind aus dem alten Stall muss aber dann auch mal von der Leine und erhält Auslauf.

Fazit – Rindfleisch

Rindfleisch von konventionellen Bauern, die **keine intensive Massenzucht** betreiben, kann gute Qualität bieten, die der von Biorindfleisch gleich ist. Dieses Fleisch ist meist **etwas stärker mit Fett marmoriert**, da die Tiere länger gemästet wurden und sich frei bewegen konnten.

Aus dem Leben der Milchkühe

Ganz ähnlich sehen die Bedingungen für Milchkühe aus. Auch hier heißt es für die Biokuh: Raus an die frische Luft! Für herkömmliche Milchkühe ist der Auslauf nicht vorgeschrieben. Die Realität ist sehr unterschiedlich: Großbetriebe halten ihre Kühe oft das ganze Jahr bei Silage und Kraftfutter im Stall. Je nach Region findet man aber auch konventionelle Milchkuhherden friedlich grasend auf der Weide. Biokühe erhalten als Futter neben Gras vor allem Leguminosen wie Klee oder Luzerne. Konventionelle Betriebe füttern ihre Kühe in erster Linie mit Gras und Mais. Mais ist eine intensive Kultur, die reichlich Dünger braucht und auch viel gegen »Unkräuter« gespritzt wird. Heute kann Futtermais auch gentechnisch verändert sein.

Unterschiede gibt es auch, wenn das Kalb das Licht der Welt erblickt. Biokälber haben 12 Wochen lang ein Recht auf Muttermilch. Als konventionelles Kalb kann man da Pech haben: Milchaustauscher heißt das Zauberwort, und Mutters Milch wandert in die Molkerei.

Kurioses aus dem Kuhstall

Kühe haben doch keine Hörner!

Kühe mit Hörnern schienen ausgestorben zu sein; inzwischen sieht man sie aber wieder öfter. Das hat jedoch nichts mit der Rasse zu tun. In der konventionellen Landwirtschaft war es viele Jahre üblich, bereits die Kälber zu enthornen – mit einem Brennstab oder ätzenden Stoffen. Wenn Kühe auf engem Raum leben, ist die Gefahr groß, dass sie sich mit den Hörnern gegenseitig verletzen. Dabei brauchen Kühe mit Hörnern einfach nur mehr Platz. Biobauern im Demeter-Verband ersparen den Tieren die Verstümmelung. Es gibt übrigens keine Hinweise darauf, dass die Milch von Hörner tragenden Kühen selbst für Milchallergiker verträglich ist.

Brauchen Kühe einen Trainer?

Als »Kuhtrainer« wird ein Metallbügel bezeichnet, der unter elektrischer Spannung steht. In der Anbindehaltung wird der Kuhtrainer über dem Rücken der Tiere installiert.

Wenn die Kuh dann ihr Geschäft verrichtet, krümmt sie den Rücken auf. Der Kuhtrainer zwingt sie durch Stromschläge zum Zurücktreten. So verhindert man eine Verschmutzung der Stand- und Liegeflächen. Tierschützer klagen an: 25 bis 80 Prozent der Stromschläge träfen die Tiere aber beim Fressen, Aufstehen und gegenseitigen Lecken der Rückenpartie. Das schränke das artgerechte Verhalten brutal ein und füge den Tieren nicht unerhebliches Leid zu.

Kühe lieben Mozart und Wellness

Bei den Klängen von »Zauberflöte« und der »Kleinen Nachtmusik« geben Kühe mehr Milch. Bei Volksmusik oder Rock dagegen sinkt der Milchfluss. Das ergab ein Versuch der Landesvereinigung der Milchwirtschaft Nordrhein-Westfalen. Aber auch Bürstenmassagen oder ein Wasserbett steigern die Milchproduktion. Kuhkomfort heißt dieser neue Trend, der zeigt, dass es sich auch wirtschaftlich lohnen kann, die Tiere ein wenig zu verwöhnen.

Milch und Co.: Macht's die Milch noch?

Biomilch ist gefragt wie nie zuvor. Eine Biokuh liefert heute etwa 6000 bis 9000 Liter Milch pro Jahr, das ist dreimal so viel wie vor hundert Jahren. Konventionelle Turbo-Kühe schaffen erheblich mehr, die Besten sogar fast das Doppelte. Die Art des Futters hat einen großen Einfluss auf die Milchqualität, insbesondere auf die Zusammensetzung des Milchfetts. Biobetriebe füttern ihre Milchkühe vorzugsweise mit Gras, Heu und Silage idealerweise vom eigenen Hof. Kühe mit einer hohen Milchleistung erhalten zusätzlich ein Kraftfutter, beispielsweise aus Getreide, Erbsen und Ackerbohnen.

Mehr wertvolle Inhaltsstoffe in Biomilch

Wissenschaftler haben festgestellt, dass Biomilch etwa dreimal so viel konjugierte Linolsäure (CLA) enthält wie die Milch von konventionell gehaltenen Kühen. Ursache ist vermutlich viel frisches Gras und der hohe Faseranteil im Futter. Der Linolsäure werden verschiedene positive Effekte auf die Gesundheit zugeschrieben, z. B. die Hemmung des Krebswachstums sowie Schutz vor Herz-Kreislauf-Erkrankungen und Diabetes. Wenn Kühe – anstelle von leistungsorientierter Stallfütterung – überwiegend Weidefutter fressen, steigt der Anteil wertvoller Omega-3-Fettsäuren im Fettanteil der Milch. Zahlreiche wissenschaftliche Studien belegen die positiven Eigenschaften von Omega-3-Fettsäuren in der Ernährung: Sie schützen die Gesundheit von Herz und Kreislauf, wirken sich günstig auf die Blutfettwerte, die Fließeigenschaften des Blutes, den Blutdruck und den Herzrhythmus aus. Omega-3-Fettsäuren sind Vorstufen von körpereigenen hormonähnlichen Reglerstoffen, die Entzündungen hemmen und eine vermehrte Bereitschaft zur Schmerzentstehung unterdrücken können. Das macht sie hilfreich bei Rheuma und Schuppenflechte. Auch Laboruntersuchungen von Joghurt und Butter zeigen, dass es sich der Gesundheit zuliebe lohnt, bei Bio zuzugreifen.

Ergebnisse zur Fettsäurezusammensetzung von Joghurtprodukten

Untersuchung der muva Kempten 2006, im Auftrag von Greenpeace

Marke	Ökolo-gisch/ Konven-tionell	Molkerei	Verkaufs-bezeichnung	Summe der Omega-3-Fett-säuren in g/100 g Fett
Füllhorn (Rewe)	Ö	Andechser Molkerei	Öko-Joghurt, mild	1,38
Andechser Natur	Ö	Andechser Molkerei	Rahmjoghurt, mild	1,38
Prima Bio (Aldi)	Ö	Tirolmilch	Bio Fruchtjoghurt	1,31
Berchtesgadener Land	K	Milchwerk Berchtes-gadener Land	Joghurt	1,13
Söbbeke	Ö	Molkerei Söbbeke	Joghurt, mild, cremig gerührt	1,07
Ehrmann	K	Ehrmann AG	Bighurt Pur	0,85
Breisgau	K	Breisgau Milch GmbH	Joghurt, mild	0,83
Weihenstephan	K	Molkerei Müller	Frischer Joghurt, mild	0,76
Der große Bauer	K	J. G. Bauer GmbH	Der große Bauer Erdbeere	0,74
Milbona (Lidl)	K	Naabtaler Milch-werke	Joghurt, mild, Biogarde	0,68
Zott	K	Zott GmbH	Sahne Joghurt, mild	0,60
Mibell (Edeka)	K	NO-WE-MO Milch-frischprodukte	Joghurt, mild	0,60
Müller	K	Molkerei Müller	Joghurt mit der Ecke	0,60
Landliebe	K	Campina AG	Landliebe Joghurt, mild	0,59
Milfina (Aldi)	K	Campina AG	Joghurt 3,5 % Fett	0,59
LC1 (Nestle)	K	Molkerei Müller	LC1 Pur	0,59
BiAC (Aldi)	K	Molkerei Müller	BiAC für eine ge-sunde Ernährung, probiotischer fett-armer Joghurt	0,58
Fruchtzwerge (Danone)	K	Danone GmbH	Fruchtzwerge XXL	0,57
Actimel	K	Gervais Danone AG	Danone Actimel L Casei	0,56
Onken	K	Onken GmbH	Bighurt, stichfest	0,50

Biomilch ist irgendwie anders ...

Häufig findet man Biomilch in Mehrwegflaschen oder -gläsern im Handel. Aber auch der Karton und der Kunststoffschlauch halten inzwischen bei Bio Einzug. Die Palette von Biomilchprodukten unterscheidet sich kaum noch vom herkömmlichen Angebot. Längst sind die Zeiten vorbei, in denen Biomilch ausschließlich frisch mit dem natürlichen Fettgehalt (3,8 Prozent) angeboten wurde. Neben Milch, Sahne, Quark und Joghurt bietet der Biohandel auch Erfrischungsgetränke auf der Basis von Molke oder Buttermilch an, sowie Milchdesserts und probiotische Produkte.

Manchmal findet man im Biosortiment auch Ziegen- oder Schafsmilch und Produkte, die daraus hergestellt wurden. Da Ziegenmilch nicht gut haltbar ist, wird sie oft als H-Milch und Milchpulver angeboten. Nur ein kleiner Teil der Biomilch wird heute noch direkt ab Hof vermarktet. Der überwiegende Teil wird gesammelt und in Molkereien und Käsereien verarbeitet. Dabei prüfen staatlich zugelassene Kontrollstellen regelmäßig, ob die Milch auch tatsächlich von zertifizierten Biohöfen stammt.

Verarbeitung von Biomilch: Strenge Vorgaben für die Molkereien

- Gentechnik: Die Molkereien verwenden bei der Verarbeitung von Biomilch keine Zutaten, die aus gentechnisch veränderten Organismen oder mit deren Hilfe hergestellt wurden.
- Aromen: Bei Bio ist der Einsatz von naturidentischen oder künstlichen Aromen verboten. Der Zusatz von natürlichen Aromen ist laut EU-Öko-Verordnung erlaubt. Die Anbauverbände sind hier meist strenger.
- Vitamine: Die Zugabe künstlich hergestellter (synthetischer) Vitamine ist bei Biomilchprodukten verboten.
- Zusatzstoffe: Über 300 Zusatzstoffe sind in der konventionellen Verarbeitung erlaubt. Laut EU-Öko-Verordnung sind bei Bio nur 47 dieser Stoffe zugelassen (siehe Seite 45 ff.).

Gesundheitsgefahr in Sahne?

Die Anbauverbände schließen mehr Zusatzstoffe aus, so z. B. das **Carrageen (E 407)**, das nach der EU-Öko-Verordnung erlaubt ist. Carrageen wird häufig Milchprodukten wie Schlagsahne zugesetzt, um ein Aufrahmen zu verhindern. Carrageen ist ein Kohlenhydrat aus Rotalgen, das als Geliermittel und Verdickungsmittel eingesetzt wird. **Im menschlichen Darm verringert es die Aufnahme von Nährstoffen.** Außerdem besteht der Verdacht auf eine **darmschädigende Wirkung.** Experten raten daher, dass zumindest Kinderlebensmittel frei von Carrageen sein sollten – bei den Anbauverbänden kann man da sicher sein.

■ Wärmebehandlung: Die meisten Bioverbände lehnen die Ultrahocherhitzung (H-Milch) eigentlich ab, genau wie die Sterilisierung bei Kondensmilch. Nach der EU-Öko-Verordnung ist das Ultrahocherhitzen erlaubt, so dass man Bio-H-Milch im Handel findet – immer öfter, da der Verbraucher diese Milch wünscht.

■ Als Alternative zur H-Milch bieten einige Biomolkereien sogenannte »Milch mit verlängerter Haltbarkeit« an. Dazu wird die Milch vor dem Abfüllen mit heißem Dampf durchströmt und ist dann eine Frischmilch, die aber etwa drei Wochen haltbar ist. Dieses Verfahren ist wirkungsvoller als das übliche Pasteurisieren und verändert den Geschmack der Milch kaum.

■ Homogenisieren: Biomolkereien verzichten oft auf das sogenannte Homogenisieren. Dabei wird die Milch mit hohem Druck durch sehr feine Düsen gepresst. Die Milchbestandteile (Wasser und Fette) mischen sich so miteinander. Als Folge rahmt die Milch nicht mehr auf, der Geschmack wird vollmundiger und die Milch besser verträglich. Viele Biomilchtrinker schätzen aber gerade den Sahnepfropf auf ihrer Biomilch als typisches Zeichen für Bio. Milch mit verlängerter Haltbarkeit und H-Milch werden auch bei Bio immer homogenisiert, da sich das Fett sonst absetzen würde.

Alles in Butter?

Wenn Sahne lange geschlagen wird, trennen sich das Streichfett und die Buttermilch in Sekundenschnelle. In der Biomolkerei setzt man der Butter für Sauerrahmbutter noch eine Bakterienmischung zu, den sogenannten Buttersäurewecker. Herkömmliche Molkereien reichern ihre Butter oft mit konzentrierter Milchsäure und Aromastoffen an. Auch die Farbe der konventionellen Butter wird beeinflusst, indem man Beta-Carotin untermischt. Diese modernen Verfahren sind bei der Biobutter nicht erlaubt. Biomilch hat von Natur aus einen hohen Gehalt an Beta-Carotin.

Fettzusammensetzung von Butterprodukten

Marke	Öko/ Konventionell	Molkerei	Verkaufs-bezeichnung	Omega-3-Fettsäuren in g/100 g Fett
Bioness (Lidl)	Ö	Arla Food-samba	Biobutter aus Süßrahm	1,09
Bio Wertkost	Ö	Hansa Milch	Biobutter Sauerrahm-butter	1,08
Berchtesgadener Land	K	Milchwerke Berchtesgadener Land	Bergbauern Butter	1,00
Kerrygold	K	Irish Dairy Bord Deutschland GmbH	Original Irische Butter	0,92
Meggle	K	Meggle GmbH	Die Alpen-butter	0,68
Milbona (Lidl)	K	Molkerei Ammerland e.G.	Deutsche Markenbutter	0,68
Milsani (Aldi)	K	Meierei Barmstedt e.G.	Deutsche Markenbutter	0,61
Landliebe	K	Campina Prenzlau	Landliebe Butter	0,58

Untersuchungen der muva Kempten, September 2006, Beispiele

Das ist doch alles Käse

So verschiedenartig Käse auch sein kann – die meisten Käsesorten aus konventioneller Produktion schmecken zu jeder Jahreszeit gleich. Dabei stammt die Milch doch von unterschiedlichen Rinderrassen aus verschiedenen Regionen? Hier kommen unter anderem eine Reihe von technischen Hilfsstoffen, Farbstoffen und Zusatzstoffen zum Einsatz, damit der Geschmack einheitlich bleibt. Der Geschmack und die Farbe von Biokäse hingegen schwanken mit den Jahreszeiten, je nachdem, was die Kuh so gefuttert hat. Viele Zusatzstoffe sind für Biokäse einfach tabu. So werden beispielsweise keine Konservierungsstoffe in der Rinde eingesetzt. Lab – das Ferment aus dem Kälbermagen – ist ein natürlicher Hilfsstoff bei der Käseherstellung, der traditionell eingesetzt wird. Natürliches Lab steht schon lange nicht mehr in ausreichender Menge zu Verfügung. Seit etwa 30 Jahren wird daher ein Lab-Austauschstoff (Chymosin) verwendet, der mit Hilfe von Mikroorganismen entsteht. Inzwischen darf er auch gentechnisch hergestellt werden, ohne dass der Käse entsprechend gekennzeichnet werden muss. Auch bei Biokäse ist Chymosin durchaus üblich, nicht aber die gentechnisch erzeugte Variante.

Fazit – Milch und Milchprodukte

Bei Milch und Milchprodukten lohnt sich der Griff zur Bioqualität. Die Milch ist gehaltvoller als die der meisten konventionellen Mitbewerber. Bei der Verarbeitung bleiben den Milchprodukten viele Zusatzstoffe und die Gentechnik erspart. Lassen Sie sich nicht verwirren. Der Milchmarkt ist für Trittbrettfahrer besonders reizvoll. Bezeichnungen wie »ohne Gentechnik hergestellt« oder Produktnamen wie »Bi'joghurt« versuchen, auf den Biozug aufzuspringen, ohne die entsprechenden Richtlinien einzuhalten. Vertrauen Sie dem staatlichen Biosiegel und den Siegeln der Anbauverbände.

Schweine: Traurige Glücksbringer?

Schwein gehabt, liebes deutsches Schwein, wenn du als Bioferkel das Licht der Welt erblickst. Im anderen Fall hast du nur zweimal die Chance, die Sonne zu sehen: Wenn du als Ferkel in den Mastbetrieb reist, wirst du vielleicht einen Sonnenstrahl erspähen, und danach erst wieder auf dem Weg zum Schlachthof.

So will doch kein Schwein leben!

Seit den 1950er Jahren setzt sich der Trend zu immer mehr Schweinen in immer größeren Beständen durch. Den einzelnen Tieren bleibt da nur wenig Platz. Oft leben sie zusammengedrängt in viel zu dunklen Ställen ohne Fenster. Sie stehen auf Spaltenböden ohne Stroh, durch die Urin und Kot der Tiere hindurchfallen. Das erspart dem Bauern das Ausmisten. Doch die Tiere leben die ganze Zeit auf kaltem, glitschigem Boden. Die Folgen: Klauenverletzungen und Gelenk- und Muskelerkrankungen, weil die Tiere sich kaum bewegen können und viel zu schnell an Gewicht zulegen. Probleme machen den Tieren auch die Ammoniak-Ausdünstungen der Gülle, durch die Schleimhäute und Augen gereizt werden. Schweine sind aber sehr neugierige Tiere, die gerne ihre Umgebung erkunden und nach Futter wühlen möchten. In der Enge und Eintönigkeit dieser Ställe »entdecken« die Tiere dann oft nur den Ringelschwanz des Nachbarn und beißen ihn kurz entschlossen ab. Bei der herkömmlichen Massentierhaltung schneidet man den Ferkeln daher die Schwänze einfach gleich ab und kürzt ihre Eckzähne. Die Langeweile ruft bei den unternehmungslustigen Schweinen aber auch Verhaltensstörungen hervor, wie das »Beißen in die Gitterstangen« oder das sogenannte »Trauern«: Dabei sitzt das Tier auf seinen Hinterbeinen und lässt den Kopf hängen. Bioschweinen geht es da schon besser: Nicht nur dass sie ihren Ringelschwanz behalten dürfen, sie können auch im Stroh wühlen und haben ein Anrecht auf Tageslicht: Sie vergnügen sich im befestigten Auslauf oder auf Weiden.

Vergleich der Schweinehaltung, konventionell und Bio

	Bioschweinehaltung	Konventionelle Schweinehaltung*	Warum macht der Biobauer das?
Auslauf	Vorgeschrieben.	Ausschließliche Stallhaltung üblich.	Die Schweine werden robuster, bekommen ein besseres Immunsystem und können ihr arteigenes Verhalten ausleben.
Stallboden	Stroheinstreu. Vollspaltenböden verboten. Mindestens 50 Prozent der Fläche muss ohne Spalten sein.	Vollspalten erlaubt. Im Liegebereich höchstens 10 Prozent.	Vollspaltenböden sind strohlos, bergen eine erhöhte Verletzungsgefahr und verhindern jegliches Wühlen.
Stallfläche	Pro Mastschwein nach Gewicht 1,1 bis 1,3 m² vorgeschrieben, zusätzlich 0,8 bis 1 m² Auslauffläche. Für säugende Sauen mit Ferkeln sind 7,5 m² pro Sau und zusätzlich 2,5 m² Auslauf vorgeschrieben.	Pro Mastschwein nach Gewicht 0,65 bis 1 m² vorgeschrieben. Für Sauen im Abferkelbereich sind 4 m² vorgeschrieben.	Ausreichender Platz ermöglicht natürliches Sozialverhalten. Getrennte Liege- und Aktivitätsbereiche bieten Rückzugsmöglichkeiten. Schwächere Tiere können stärkeren ausweichen.
Futter	Rauhfutter für Mast- und Zuchtschweine vorgeschrieben.	Rauhfutter für Mast- und Zuchtschweine nicht vorgeschrieben.	Rauhfutter (Gras, Heu) sättigt die Tiere, erfüllt den »Erkundungsdrang« und führt zu einem langsameren Wachstum.
Anbindung etc.	Anbindung der Sauen und das Schwanzkupieren sind unzulässig. Abkneifen oder Abschleifen der Zähne bei Ferkeln nur im Notfall.	Anbindung der Sauen ist zum Teil erlaubt. Abschleifen der Zähne und das Kupieren des hinteren Schwanzteils ist erlaubt.	Den Schweinen soll eine »Mutter-Kind-Beziehung« ermöglicht werden. Amputationen werden generell abgelehnt und sind nur im Notfall zulässig, wenn die Ferkel aggressiv sind.
Gruppenhaltung	Für Sauen vorgeschrieben.	Einzelhaltung aggressiver Sauen möglich, wenn sie täglich freie Bewegung haben.	Schweine sind Gruppentiere, die den Kontakt zu Artgenossen brauchen.
Ferkel	Ferkel bekommen mindestens 40 Tage natürliche Milch von der Muttersau.	Ferkel dürfen schon nach 21 Tagen von der Muttersau getrennt werden.	Milch ist das natürlichste Futtermittel für die Ferkel.

* Beispiel Schweinehaltungsverordnung Schleswig-Holstein, nach Bioland; Biotiere.

Vergleich der Erzeugung von einem Kilogramm Schnitzel Bio – konventionell

- Einsparung durch Bioschnitzel
  - ¼ Energie
  - ¾ der Stickstoffbelastungen
  - ¾ der Treibhausbelastungen
  - 100 g Mineraldünger
  - 1,5 g Pflanzenschutzmittel
- Mehrbedarf durch Bioschnitzel
  - etwa die Hälfte mehr Futteranbaufläche
  - zwischen 40 und 95 Prozent mehr Arbeitszeit

Bioschweine: Stimmt da auch die Hygiene?

Bioschweine, die Platz zum Wühlen haben, können sich auch leichter mit Krankheitserregern und Parasiten anstecken. Ein echtes Problem für Biobauern sind daher Spulwürmer. Über den Kot verteilen sie sich auf dem Boden und werden von den Schweinen beim Wühlen in der Erde aufgenommen. Sie setzen sich dann bei den Schweinen in der Leber ab und machen diese für den Menschen ungenießbar. Damit es nicht dazu kommt, müssen Biobauern den Auslauf ständig sauber halten, was mit reichlich Arbeit verbunden ist.

Trotzdem geht es nicht ohne Medikamente: Auch Bioschweine erhalten Entwurmungsmittel. Gerade die Muttersauen werden entsprechend behandelt, damit die Ferkel nicht schon von Geburt an unter Würmern leiden. Noch schlimmer als die Würmerplage sind Bakterien und Viren. Grippe-Erreger fegen manchmal durch einen Bestand von mehreren Hundert Schweinen.

Biobauern können dann nicht zügellos die Pharma-Keule schwingen. Denn in der Biohaltung ist nur eine einzige Behandlung mit Medikamenten erlaubt. Jeder weitere Einsatz von Arznei macht aus einem Bioschwein wieder ein konventionelles Schwein – und das bedeutet finanzielle Verluste für den Bauern.

Bioschnitzel sind aber ganz schön teuer

Der Preisunterschied zwischen Bioschweinefleisch und herkömmlichem Schweinefleisch ist enorm. Das Bioschnitzel ist fast doppelt so teuer, während es in der Ökobilanz etwa gleichauf liegt. Der Grund für die erstaunlichen Ökobilanzwerte ist, dass die Kosten für Umweltschäden aus der konventionellen Massenhaltung von Schweinen nicht in den Preis eingerechnet werden.

Die Schäden durch Kohlendioxid-Emissionen (Treibhauseffekt) sowie die Gewässerverschmutzung durch Phosphate, Nitrate und Pflanzenschutzmittel werden von der Allgemeinheit getragen. Bei der ökologischen Schweinemast fallen diese Belastungen in weit geringerem Umfang an.

Warum wir im Laden für das Bioschnitzel wesentlich mehr bezahlen, hat verschiedene Gründe. Die Schweine wachsen länger bis zur Schlachtreife, das Futter ist qualitätvoller und damit teurer, die Pflege von Tieren, Stall und Auslauf ist aufwendiger und intensiver. Dazu kommt, dass die Vermarktungskosten für Biofleisch im Gegensatz zu dem hochgradig rationalisierten System der herkömmlichen Schweinefleischvermarktung extrem hoch sind. Bioschweine werden gesondert transportiert und geschlachtet, und das Fleisch wird separat zerlegt und in die Läden verteilt.

 **Fazit – Schweinefleisch**

Durch den Kauf von Bioschweinefleisch stärken Sie die Nachfrage und fördern so die artgerechte Haltung von Schweinen. Supermarktketten unterbieten sich gerade bei den Schweinefleischpreisen gegenseitig. Für den günstigen Preis müssen die Schweine immer schneller ihr Schlachtgewicht erreichen. Darunter leiden nicht nur die Tiere, sondern auch die Fleischqualität. Das Risiko von Medikamentenrückständen im Fleisch ist entsprechend hoch.

Schafe und Ziegen: Die Freiheitskämpfer

Den typischen Schäfer mit seinen Wanderschafen trifft man heute kaum noch an. Dafür hat die Haltung auf der Koppel bei Schafen stark zugenommen. Hier leben die Tiere ohne ständige Aufsicht auf einer umzäunten Fläche. Im Winter steht den Tieren ein Stall zu Verfügung – dabei kann es auch mal eng werden. Biobetriebe halten Schafe und Ziegen ausnahmslos in Laufställen, die gut mit Stroh eingestreut sind. Daneben haben die Tiere Anspruch auf reichlich Bewegung an der frischen Luft.

Während konventionelle Tiere auch ganzjährig mit Silage gefüttert werden dürfen, gibt es bei Bioschafen und -ziegen nur im Winter Silage und alternativ Heu. Dabei werden Milchrassen etwas intensiver gehalten als Landschaftsrassen: Schafe und Ziegen liefern nicht nur wohlschmeckendes Fleisch, sondern auch hochwertige Milch. Durch moderne Melktechniken schmeckt auch Ziegenmilch nicht mehr »bockig« und ist oft eine gute Alternative für Kuhmilchallergiker.

Fazit – Lamm- und Ziegenfleisch

Kaufen Sie Lamm- und Ziegenfleisch **aus der Region**. Die freilaufenden Tiere leisten einen wichtigen **Beitrag zur Landschaftspflege** und verhindern die Verbuschung von Moor- und Heideflächen. Gerade Lammfleisch konkurriert mit Billigimporten z. B. aus Neuseeland.

Kaninchen: Echte Angsthasen?

Auf Bauernhöfen findet man Kaninchen nur noch selten. Heute sitzen die Tiere meistens in Käfigen – ähnlich wie Legehennen. Vier bis sechs Kaninchen bewohnen dann ein Drahtverlies, und das in mehreren Etagen übereinander. Die geselligen Hoppler sind aber von

Natur aus Fluchttiere – also echte Angsthasen, die sich schnell in ihren Bau flüchten möchten. In den Kaninchenkäfigen gibt es keine Fluchtmöglichkeit, die Tiere leben im Dauerstress. Auch Hoppeln, oder Sprünge machen ist für die Tiere nicht möglich. Die Enge und der Bewegungsmangel führen zu Wirbelsäulenverkrümmungen und Gelenkentzündungen. Kaninchen genießen keinen großen Schutz: Es gibt kaum rechtliche Vorgaben zu ihrer Haltung.

Die Bioanbauverbände (z. B. Bioland) aber haben auch für die Haltung von Kaninchen Richtlinien entwickelt. Der Käfig ist für die Biotiere tabu. Sie werden auf der Weide, im Weidegehege oder im Stall gehalten. Eine Stallhöhe von mindestens 60 Zentimetern erlaubt den Tieren das Haken schlagen. Erhöhte Liegebereiche und Röhren bieten den Kaninchen artgerechte Rückzugsmöglichkeiten. Während konventionelle Kaninchen mit Leistungsfutter in Form von Pellets gemästet werden, können die Biotiere ihren Nagetrieb ausleben: Gras, Heu, Grünfuttersilage und Holz als Nagefutter stehen auf dem Speiseplan.

Fazit – Kaninchen

Fragen Sie nach **Biokaninchen** oder kaufen Sie Kaninchen direkt beim Bauern. Auf dem Markt befindet sich auch billige Importware z. B. **aus China**, die in der Vergangenheit immer wieder durch **Rückstände** (z. B. Antibiotika) auffiel.

Wild: Mehr Bio geht doch nicht?

Unter »frei lebendem Wild« versteht man alle Huf- und Hasentiere, Landsäugetiere und frei lebende Vogelarten, die für den menschlichen Verzehr gejagt werden. Aber auch alle Säugetiere, die in einem geschlossenen Gehege unter ähnlichen Bedingungen leben wie frei lebende Tiere, fallen unter den Begriff »Wild«. So kommt der

Hirschbraten vielleicht gar nicht aus dem tiefen Forst, sondern ganz unromantisch aus einem Gatter. Die Aufzucht von Biodam- und -rotwild auf landwirtschaftlichen Betrieben ist bisher noch wenig geregelt. Die Anbauverbände, wie z. B. Bioland, haben Richtlinien zur Biowildhaltung, der Qualität und den Kontrollen aufgestellt: Pro Hektar dürfen nur sieben Muttertiere mit Hirsch und Nachwuchs gehalten werden. So kann das Wild sein arteigenes Verhalten ausleben. Der Kot reicht zur Düngung der Weiden aus, ohne den Boden auszulaugen oder zu überdüngen. Um die Wildtiere halten zu können, ahmt der Bauer die Bedingungen der freien Wildbahn nach. Die Tiere ernähren sich von April bis November nur von der Weide. Im Winter stehen zusätzlich Heu, Gras- und Maissilage in Bioqualität sowie Kastanien und Eicheln auf dem Speiseplan. Getötet werden die Tiere durch einen Schuss im Gehege. Das passiert zwar in der vertrauten Umgebung, löst aber reichlich Stress in dem Rudel aus. Wildbret wird aber auch energieaufwendig nach Deutschland importiert und ist dann oft preiswerter als heimische Ware: Rotwild aus Neuseeland stammt von Farmen, Hasenfleisch aus Argentinien (Nachkommen des 1888 ausgewilderten europäischen Feldhasen) und Wildschwein aus Australien (Abkömmlinge verwilderter Hausschweine) wandern in deutsche Fleischtheken. Meistens werden die Tiere auf Schlachthöfen unter enormem Stress »erlegt«.

Fazit – Wild

Wild führt im Gehege kein schlechtes Leben und ist eine Alternative zur Massentierhaltung. Bei Importware sollte man ganz genau aufs Etikett gucken. Auch Wild, das vom heimischen Waidmann zur Strecke gebracht wird, steht zumindest bei Treibjagden unter enormem Stress, bevor es erlegt wird. Wild aus der Region hat aber bis dahin ein freies Leben genossen, so dass man mit gutem »Tierschutz-Gewissen« zugreifen kann.

Vergleich der Damwildhaltung

	Biodamwildhaltung*	Konventionelle Damwildhaltung
Gehegegröße	Mindestens 3 ha.	In der Regel 1 ha.
Mindestrudelgröße	4 weibliche Tiere und 1 Hirsch.	Keine Anforderungen vorgeschrieben.
Bestandsdichte	Pro Hektar maximal 7 Muttertiere mit Kalb und Jährlingen.	Bis zu 12 Muttertiere mit Kalb und Jährlingen.
Gehege	Versteckplätze und Witterungsschutz sind vorgeschrieben.	Versteckplätze sind vorgeschrieben.
Futter	Stammt vorwiegend aus dem eigenen Betrieb. Es dürfen nur Biofutter und maximal 10 % Eicheln und Kastanien verfüttert werden.	Keine Futtererzeugung vorgeschrieben.

* Bioland-Richtlinien. Die EU-Öko-Verordnung regelt die Damwildhaltung bisher nicht.

Biowurst: Was kommt wirklich rein?

Wurst ist ein vielfältiges Produkt. Es gibt einige Hundert verschiedene Sorten, die sich nach der Herstellung grob in Rohwürste, Brühwürste und Kochwürste unterscheiden. Frisches Fleisch, das zum Braten oder Kochen zu kleinstückig ist, wandert in die Wurst. Alle Zutaten, die in die Biowurst kommen, sind zertifizierte Bioprodukte. Auch Gewürze aus Übersee müssen die Standards der EU-Öko-Verordnung erfüllen. Wenn zwischen Schlachtung und Wurstherstellung nur wenige Stunden liegen, erreicht der Biofleischer durch den schlachtwarmen Zustand des Fleisches eine besondere Wurstqualität (Warmfleischtechnologie). Die Wurst kommt dann ohne Zusatzstoffe (z. B. Citrate) aus, die auch für Bio zugelassen sind. Zusätze wie Phosphate und Geschmacksverstärker sind bei der Biowurst nicht erlaubt. Auch der Einsatz von Gentechnik oder die Bestrahlung von Wurstwaren sind bei Bio kein Thema. Nitritpökelsalz darf nach den EU-Richtlinien auch in die Biowurst. Es hat eine konservierende Wirkung und sorgt für eine rosa bis rote Fleischfarbe. Die Anbauverbände sind hier teilweise strenger, da sich aus Nitritpökelsalzen gesundheitsschädliche Nitrosamine bilden können (siehe Seite 56 f.). Fleisch- und Wurstwaren, die Nitritpökelsalze enthalten, sollte man nicht stark erhitzen, da dadurch die Bildung von Nitrosaminen gefördert wird. Gepökelte Fleischwaren wie Kasseler und Würste mit Nitritpökelsalz gehören daher nicht auf den Grill. Der Einsatz von Nitritpökelsalz muss bei allen Wurstwaren auf der Zutatenliste kenntlich gemacht werden.

Haltbar gemacht wird die Biowurst durch Erhitzen, Trocknen und Fermentation durch die Enzyme natürlicher Mikroorganismen. Andere Verfahren sind bei der Biowurstherstellung nicht üblich.

Huhn, Pute & Co.: Das liebe Federvieh

Das liebe Federvieh versorgt den Menschen schon seit 4000 bis 5000 Jahren mit Fleisch und Eiern. Zum Geflügelfleisch zählen Huhn, Pute, Ente, Gans, Perlhuhn, Wachtel, Masttaube, Fasan und Strauß. Im Gegensatz zum insgesamt rückläufigen Fleischverzehr wird der Geflügelappetit der Deutschen immer größer.

Geflügelfleisch gilt als gesund, da es fettarm ist und hochwertiges Eiweiß liefert. Es lässt sich vielseitig zubereiten, so dass Jung und Alt bei Geflügelgerichten auf ihre Kosten kommen: Zwischen Chicken-Wings als Fastfood und Geflügelfrikassee auf dem Seniorenteller ist für jeden etwas dabei. Die rasante Karriere des Geflügels steht jedoch im direkten Widerspruch zu dem Trend nach tier- und umweltgerechten Lebensmitteln. Denn die Masse des Geflügelangebotes stammt aus der intensiven Bodenhaltung.

Während die Haltung von Legehennen immer wieder Aufsehen erregt, bleibt das Schicksal der Masthühner weitgehend unbeachtet. Das haben unsere Brathähnchen eigentlich nicht verdient, denn die Hühnermast ist von allen Bereichen der Nutztierhaltung der Betriebszweig mit der stärksten Intensivierung: Mit 98 Prozent stammen die meisten konventionellen Hähnchen aus intensiver Bodenhaltung.

Bodenhaltung, das hört sich doch gut an

Intensive Bodenhaltung, das heißt in erster Linie: Rasch muss es gehen. Maximaler Fleischzuwachs in kürzester Zeit, das funktioniert nur mit ganz speziellen Rassen, die auf diese Leistung getrimmt sind. Denn schon nach rund 32 Tagen heißt es für die Masthähnchen: husch, husch zum Schlachter. Das hat für die Tiere schwerwiegende Folgen: Die Schäden reichen von Gelenkerkrankungen über Knochenbrüche und Leberverfettung bis zu Herzversagen. Einen Quadratmeter Stallfläche teilen sich bis zu 35 Kilogramm Lebendgewicht. Das sind etwa 20 Hähnchen.

Auch den Puten ergeht es nicht besser. Genau wie bei den Masthähnchen fehlen den Tieren die Möglichkeiten zu einem artgerechten Verhalten: Sitzstangen, Auslauf und Sandbäder sind nicht vorgesehen. Puten werden zu mehreren Zehntausenden in Ställen auf engstem Raum gehalten. Erlaubt sind 52 bzw. 58 Kilogramm Lebendgewicht pro Quadratmeter, das sind drei Hähne oder fünf Hennen. Probleme haben die Puten besonders durch die Zucht auf hohe Mastgewichte und einen ausgeprägten Brustmuskel (Putenbrust). Gegen Ende der Mast können die Puten ihr Gewicht kaum noch tragen und liegen dann überwiegend, was zu Hautentzündungen führen kann. Masthähnchen und Puten leben auf so engem Raum, dass sie sich nicht bewegen können, ohne den Nachbarn ständig zu berühren. Das führt zu Verhaltensstörungen wie Federpicken und Kannibalismus, so dass man den Tieren die Schnäbel vorbeugend kupiert. Häufig können sie sich dann nicht mehr putzen und haben Schwierigkeiten, überhaupt Futter aufzunehmen.

Es gibt Alternativen, aber Bio ist das nicht ...

Tiergerechtere Mastverfahren, wie die »extensive Bodenhaltung«, die »Auslaufhaltung« sowie die »bäuerliche Auslauf- und Freilandhaltung« spielen in der herkömmlichen Aufzucht von Geflügel so gut wie keine Rolle (ca. 1 Prozent). Die Europäische Union hat schon vor Jahren eine Kennzeichnungsverordnung für verpacktes Geflügel erlassen. Nur vier Formulierungen stehen hier für eine artgerechtere Geflügelhaltung:

- extensive Bodenhaltung
- Auslaufhaltung
- bäuerliche Auslaufhaltung
- bäuerliche Freilandhaltung

Wer mit diesen Formulierungen auf dem Etikett von Geflügelfleisch wirbt, muss definierte Mindestkriterien einhalten. So verlangt der Gesetzgeber schon für die »extensive Bodenhaltung« mehr Platz pro Tier und eine längere Mast im Vergleich zur üblichen Intensivhaltung. Für die »Auslaufhaltung« kommen ein Quadratmeter Auslauf je Hähnchen bzw. vier Quadratmeter pro Pute und ein Futtergetreideanteil von 70 Prozent hinzu. Die »bäuerliche Auslaufhaltung« erhöht Auslaufflächen und Mastdauer nochmals, wobei auch langsamer wachsende Rassen eingesetzt werden müssen. Die »bäuerliche Freilandhaltung« kommt mit der Forderung nach »unbegrenztem Auslauf« den Ansprüchen einer artgerechten Tierhaltung am nächsten. Nur diese vier Angaben sind bei konventionellem Geflügel für die Haltungsform zulässig.

Geflügelkauf, da passt man besser ganz genau auf!

Mit wohlklingenden Formulierungen versucht so mancher der intensiven Bodenhaltung ein Bioimage zu verpassen: Die Begriffe »artgerecht«, »tiergerecht« und »bäuerlich« sind nicht geschützt! So werben viele mobile Hähnchenbratereien mit großen Plakaten: »nur aus Bodenhaltung ...«. Auch wenn Hähnchen aus der »bäuerlichen Bodenhaltung« angeboten werden, versteckt sich in der Regel dahinter nichts anderes als die übliche Intensivhaltung. Die intensive Bodenhaltung ist für Mastgeflügel der Standard. Finden Sie auf dem Etikett von Geflügelprodukten keinen Hinweis auf eine der vier gesetzlichen Haltungsformen oder Bio, können Sie davon ausgehen, dass Ihr Geflügel die intensive Bodenhaltung erleben durfte. Echtes Biogeflügel erkennen Sie an den gesetzlich geschützten Begriffen » Bio«, »Öko«, »aus ökologischer/biologischer Erzeugung« oder an der Angabe der Ökokontrollnummer. Außerdem stehen das Deutsche Biosiegel und die Siegel der Anbauverbände wie Bioland, Demeter, Naturland für Bio.

Der Tod ist Programm

Die **männlichen Nachkommen von Legehennen** werden heute nicht mehr gemästet. Sie können mit ihren Altersgenossen, die zur Mast gezüchtet werden, nicht mithalten, da sie nicht schnell genug Fleisch ansetzen. Im Alter von 37 Tagen wiegt ein Masthähnchen schon viermal so viel wie der Nachwuchs einer Legehenne. **Mehr als 40 Millionen männliche Küken der Legehennenrassen werden allein in Deutschland jährlich an ihrem ersten Lebenstag getötet** – entweder durch rotierende Messer oder durch Kohlendioxid.

Biohähnchen haben ihren Preis

Die Mast von Biobrathähnchen ist sehr viel aufwendiger und fordert so auch vom Verbraucher einen deutlich höheren Preis. Biomasthühner haben Ansprüche an ihren Stall. Die Anlagen sind mit Sitzstangen ausgestattet und laden mit Einstreu (mindestens ein Drittel der Fläche) zum Scharren ein. Im Vergleich zu ihren konventionellen Artgenossen haben sie im Stall bereits doppelt so viel Platz.

Außerdem hat das Biohähnchen Anspruch auf einen Grünauslauf von vier Quadratmetern – allerdings mit einer Übergangsfrist bis 2010. Da Papier ja bekanntlich geduldig ist, sieht die Realität oft noch anders aus. Die Anbauverbände (z. B. Bioland) schreiben außerdem einen Schlechtwetterauslauf vor. Ein Drittel der Stallfläche muss den Biomasthähnchen als Wintergarten zur Verfügung gestellt werden. Bioflattermänner leben länger: 70 bis 90 Tage dauert es, bis das Federvieh den Weg zum Schlachthof einschlägt. Die EU-Öko-

Unterschied zwischen Bioputenhaltung und konventioneller Haltung

	Biopute	Konventionelle Pute
Grünauslauf	Mindestens 10 m², bei Bioland zusätzlich »Wintergarten«.	Nicht vorgeschrieben.
Fensterfläche	Mindestens 5 % der Stallgrundfläche.	Mindestens 3 % der Stallgrundfläche.
Herden-obergrenze	Maximal 2500 Puten pro Stall. Höchstens 12 Hähne oder 15 Hennen auf 10 m².	Keine Herdenober-grenze. Höchstens 29 Hähne und 35 Hennen auf 10 m².
Gesamtstall-fläche	Bis 1600 m² in einem Betrieb.	Unbegrenzt.
Sitzstangen	Bei Bioland vorgeschrieben.	Nicht vorgeschrieben.
Künstliche Aminosäuren	Verboten.	Erlaubt.
Schlachtalter	Frühestens nach 20 Wochen.	Nicht vorgeschrieben: 14–16 Wochen bei Hennen, 18–20 Wochen bei Hähnen.
Schnäbel kupieren	Mit Ausnahme erlaubt. Bei Bioland verboten.	Erlaubt.

Nach Bioland, Orientierung an der freiwilligen Vereinbarung zur Haltung von Mastputen der Landwirtschaftsministerien, Geflügelwirtschaftsverbände und Tierschutzverbände

Verordnung begrenzt den Tierbesatz bei Masthähnchen auf maximal 580 Tiere pro Hektar landwirtschaftlicher Nutzfläche, nach den Richtlinien der Anbauverbände sind nur 280 Tiere zugelassen. Obergrenzen für die Herdengröße von konventionellen Masthähnchen gibt es nicht: 20 000 bis 30 000 Tiere leben hier oft in einem Stall. Biohähnchen leben in Herden von maximal 4800 Tieren pro Stall. Eine besondere Herausforderung für den Biobauern ist das Futter: Turbo-Futter mit Wachstumsförderern, gentechnisch veränderte Futtermittel, künstliche Aminosäuren oder Fischmehl kommen nicht zum Einsatz. Trotzdem brauchen die Tiere für das Wachstum hochwertiges Eiweiß, wie z.B. Kartoffeleiweiß oder Maiskleber. Diese Produkte gibt es oft noch nicht in ausreichender Menge in Bioqualität. Daher dürfen Biobetriebe 15 Prozent konventionelles Eiweiß-Futter (bis 2007), 10 Prozent bis Ende 2009 zufüttern. Das birgt natürlich auch die Gefahr, dass sich gentechnisch veränderte Futtermittel und Rückstände bei Bio einschleichen.

Putenbrust – das Trendschnitzel auch als Bio?

Puten regen sich schnell auf und werden dann sprichwörtlich puterrot oder krank. In der konventionellen Massentierhaltung behandelt man die sensiblen Tiere daher schon vorbeugend mit Medikamenten. Während für konventionelle Putenmäster in erster Linie die Fleischleistung der Tiere zählt, züchten die Biomäster robuste Tiere, die für den Auslauf tauglich und gegen Krankheit resistent sind. Biobetriebe arbeiten zurzeit außerdem daran, eigene Zuchtlinien zu entwickeln.

Man schmeckt den feinen Unterschied

Das Fleisch von Geflügel aus extensiver Haltung oder Bio ist fester, aromatischer und etwas dunkler. Es enthält etwas mehr Fett, was den Geschmack verbessert. Fleisch aus der intensiven Kurzmast ist oft wässrig, verliert beim Garen viel Flüssigkeit und schrumpft ein.

Fazit – Hähnchen und Pute

Der Griff zu Bioqualität lohnt sich bei Geflügelfleisch nicht nur den Tieren zuliebe, sondern füllt auch den Teller besser. Mit dem Kauf von Bio stärken Sie die heimische Mast von Biogeflügel, die noch in den Kinderschuhen steckt.

Enten und Gänse: Echte Wasserratten

Enten und Gänse sind Wasservögel und sitzen nicht gerne auf dem Trockenen. Genau das passiert aber den meisten Enten in der konventionellen Haltung. Die Tiere leben nur im Stall, mit Kunstlicht statt Sonne, und haben weder Auslauf noch Zugang zu einer Wasserstelle. Der Entenbraten wird mit Turbo-Futter auf Fleischansatz gemästet. Da wachsen die Knochen oft nicht schnell genug mit: Knochenbrüche und Gelenkentzündungen sind die Folge. Durch die Enge im Stall können sich Krankheiten rasch ausbreiten, so dass die Tiere viele Medikamente brauchen.

Gänse dagegen schnattern in Deutschland vorwiegend in der extensiven Weidemast. Die Tiere leben tagsüber im Freien und haben teilweise Zugang zu einer Wasserstelle. Gänse gehören zu den wenigen Nutztieren, deren natürliche Ansprüche auch in der konventionellen Landwirtschaft berücksichtigt werden. Allerdings stammen von den Gänsen nur 15 Prozent aus Deutschland: Polen, Frankreich und Ungarn sind die häufigsten Heimatländer unserer Weihnachtsgänse. Übrigens: Wird eine in Polen gemästete Gans in Deutschland geschlachtet, darf sie als »Deutsche Gans« bezeichnet werden.

Enten und Gänse – besser Bio?

Die EU-Öko-Verordnung schreibt für Enten und Gänse den Zugang zu einer Wasserstelle vor. Allerdings mit einer großzügigen Übergangsfrist bis 2010. Die Anbauverbände setzen diese Vorgabe bereits um. Die Biovögel haben außerdem Anspruch auf einen Grünauslauf (3,5 m² pro Ente; 15 m² pro Gans). Gänse sind reine Pflanzenfresser, die gerne auf Wiesen grasen. Enten verschmähen dagegen auch Schnecken, Käfer und Insekten nicht, falls sie diese Leckereien in ihrer Umgebung finden. Auf dem Speiseplan der Biotiere stehen vor allem Grünzeug, Hafer, Erbsen und Bohnen.

Fazit – Enten und Gänse

Enten und Gänse werden auch in der konventionellen Landwirtschaft **sehr unterschiedlich** gehalten: Gänse eher extensiv; Enten eher intensiv. Achten Sie beim Kauf genau aufs **Etikett**, kaufen Sie Enten und Gänse am besten direkt beim Bauern oder fragen Sie nach Bio.

Ei, Ei, Ei: Wie ein Ei dem anderen?

Bunte Bilder auf dem Eierkarton von fröhlich gackernden Hühnern im Sonnenschein sollen dem Verbraucher ein idyllisches Hühnerleben vermitteln. Doch inzwischen müssen nicht nur die Kartons, sondern auch die Eier genau beschriftet werden.

Was steht auf dem Ei?

Auf Eiern finden Sie heute einen Art Personalausweis: Seit Januar 2004 trägt jedes Hühnerei in der Europäischen Union seinen ganz persönlichen Stempel. Mit einem Blick kann sich der Verbraucher einen Überblick verschaffen, wie die Henne gehalten wurde und aus welchem Land das Ei stammt. Durch die spezielle Kennnummer auf dem Ei kann man sogar den Weg jedes Eis bis in den Stall der Henne zurückverfolgen. Die erste Ziffer auf dem Stempel klärt auf, wie die Henne gehalten wurde.

Kennzeichnung von Eiern nach Haltungsformen

0 = Ökologische Erzeugung (Biohennen)
1 = Konventionelle Freilandhaltung
2 = Bodenhaltung im Stall
3 = Käfighaltung

An der zweiten Stelle finden Sie auf dem Eierstempel die Länderkennung, wie beispielsweise DE für Deutschland, AT für Österreich, NL für Niederlande.

Warum sind Bioeier so viel teurer?

Eier vom Biobauern sind etwa doppelt so teuer wie Eier aus der konventionellen Freilandhaltung. Der wichtigste Grund liegt hier in der Qualität der Futtermittel. Das Ökofutter macht allein schon die Hälfte der Produktionskosten aus. Importiertes Sojaschrot ist eine preiswerte Eiweißquelle für Legehennen – für Biohennen aber tabu. Biogetreide und Biohülsenfrüchte sind erheblich teurer als konventionelle Futtermittel.

Zusätzliche Kosten entstehen durch die Aufzucht der Biohennen und die hohen Ansprüche an die vorgeschriebene Ausgestaltung von Stall und Auslauf. Bioland schreibt etwa eine Mindestfläche Fenster vor und einen überdachten Auslauf, damit die Hennen auch im Winter ins Freie können.

Ist mein Ei denn wirklich Bio?

Die Nachfrage nach Eiern aus ökologischer Haltung hat in Deutschland stark zugenommen. Bioeier gibt es inzwischen beim Discounter, in Supermärkten, Bioläden und Reformhäusern, auf dem Wochenmarkt oder direkt auf dem Bauernhof. Für alle gilt: Wer Eier unter dem staatlichen Biosiegel vermarkten möchte, muss sich an die Richtlinien der EU-Öko-Verordnung halten. Die Zeichen der Anbauverbände wie Bioland, Demeter oder Naturland garantieren, dass nicht nur die EU-Öko-Verordnung eingehalten wurde, sondern auch die erheblich strengeren Vorschriften der Verbände. In Bioläden und Biosupermärkten stammen die Eier generell aus ökologischem Landbau. Achten Sie beim Kauf von Bioeiern immer auf den Eierstempel: Nur die 0 an erster Stelle garantiert Bioeier. Bilder von glücklichen Hühnern auf dem Eierkarton oder die Bezeichnung »aus kontrollierter Haltung« sind keine Garantie für Bio.

Sind Bioeier gesünder?

Zurzeit gibt es keine vergleichenden Studien zu den Inhaltsstoffen von ökologisch oder konventionell erzeugten Eiern. Untersuchungen zu Rückständen zeigen keine gravierenden Unterschiede. Auffällig sind die etwas helleren Dotter von Bioeiern. Das ist aber kein Zeichen von schlechter Qualität. Bei Bioeiern sind künstlich hergestellte Farbstoffe als Futterzusatz verboten. Die Vorschriften für Futtermittel von Biohennen sind sehr streng. Das Risiko, Rückstände von Pflanzenschutzmitteln oder Medikamenten zu finden, ist daher ausgesprochen gering.

Warum haben Bioeier helle Dotter?

Die Farbe des Eidotters hängt direkt von der Fütterung ab: Hühner, die im Sommer viel Grünfutter aufnehmen, legen Eier mit einer kräftigen Dotterfarbe. Auslöser sind die sogenannten Carotinoide, die man in der Natur fast überall findet, wo es sich um gelbe bis orangerote Farben dreht. Während Grünfutter oder Mais zu zartgelben Eidottern führen, bewirken rote Carotinoide aus Paprika oder das Canthaxanthin gelb-orange Dotter. Konventionelle Eier werden ganz nach Verbraucherwunsch oft mit dem Farbstoff Canthaxanthin gefärbt, der industriell hergestellt wird. Der Farbstoff zählt zu den Carotinoiden und kommt auch in der Natur vor.

Der Käfig ist tot; es lebe der Käfig?

Kunden wollen keine Käfigeier

Eier aus Käfighaltung lehnen immer mehr Deutsche ab – und das nicht ohne Grund. Eine Käfighenne lebt auf 550 Quadratzentimetern – das sind etwa zwei Drittel eines DIN-A-Blattes. Es herrscht künstliches Licht, Wasser und Futter gibt es automatisch, die Eier rollen ebenso automatisch in die Hände des Landwirts, und der Kot wird entsorgt. Ein sorgloses Hühnerleben? Nur das, was in der Natur der Tiere liegt – also Flügelschlagen oder ein Sandbad gibt es in der Eierfabrik nicht. Oft haben die Tiere brüchige Knochen, können sich nicht umdrehen und fristen ihr Dasein in fensterlosen Ställen.

Überwiegend Käfighühner

Rund 70 Prozent der knapp 17 Millionen Eier, die in Deutschland von Hennen gelegt werden, stammen aus der Käfighaltung. Mehrere Versuche einzelner Bundesländer, das 2001 beschlossene Käfigverbot zu kippen, scheiterten zunächst. Am 4. August 2006 jedoch beschloss der Bundesrat, im Einklang mit Bundesminister Horst Seehofer, eine Änderung der Nutztierhaltungsverordnung: Bis 31.12.2008 dürfen die Hennen jetzt weiterhin in Käfigen gehalten werden, auf Antrag auch bis 2009.

Besserung in Sicht?

Danach ziehen die Hennen in sogenannte Kleinvolieren um. Hier residieren die Hennen dann auf zusätzlichen 250 Quadratzentimetern (das ist die Größe einer Postkarte), haben Anspruch auf eine Sitzstange und ein Nest, nur – im Käfig sitzen sie dann immer noch. Zu erwarten ist aber auch, dass zukünftig mehr »Fabrik-Eier« aus dem Ausland ihren Weg nach Deutschland finden. Denn ein großer Teil der Käfigeier wandert in die Verarbeitung zu Eiernudeln, Eiscreme oder Backwaren. Daher ist auch der Verbrauchertrend zu einem Verzicht auf Käfigeier überwiegend wirkungslos. Sinnvoll wäre hier sicher eine Vorschrift, auch auf den Lebensmitteln wie Nudeln oder Gebäck die Herkunft der verarbeiteten Eier aufzuführen.

Sind Bioeier immer braun?

Vergessen Sie den Gedanken, dass braune Hühner auch braune Eier legen und das weiße Federvieh für weiße Eier verantwortlich ist. Die Farbe der Eierschale ist genetisch bei den Hennen festgelegt. Qualitätsunterschiede zwischen Eiern mit brauner und weißer Schale gibt es nicht. Beide können Bioeier sein.

Konventionelle Boden- und Freilandhaltung

Bis zu neun Hennen dürfen bei der konventionellen Bodenhaltung pro Quadratmeter gehalten werden. Ein Freilauf ist nicht vorgesehen, die Hennen gackern meist nur im Stall. Die Tiere scharren auf engem Raum im Mist, so dass sich Krankheiten schnell ausbreiten können. Maximal leben 6000 Hennen ohne räumliche Trennung zusammen. Bei der konventionellen Freilandhaltung gelten die gleichen Bedingungen wie bei der Bodenhaltung (neun Hennen auf einem Quadratmeter Stall), allerdings mit dem Unterschied, dass jede Henne Anspruch auf vier Quadratmeter Freiland hat. In Ruhe picken, scharren und sonnige Staubbäder nehmen – davon kann jedoch trotzdem keine Rede sein: In Großbetrieben teilen sich ein Vielfaches der in Ökoställen erlaubten 3000 Hennen einen Stall.

Sind Biohühner wirklich glücklicher?

Die Käfighaltung ist Biobauern strengstens untersagt. Auch das sonst übliche Schnabelkürzen bleibt der Biohenne erspart. Jede Henne hat Platz zum Ruhen, Laufen, Picken, Scharren und für die Sand- und Staubbäder, die Hühner so lieben. Außerdem müssen die Hühner Auslauf ins Freie haben. Vorgeschrieben ist hier auch ein Scharrraum, mit Stroh, Sand oder ähnlicher Einstreu, in der sich gut kratzen und scharren lässt. Die Biohennen haben aber auch ein Recht auf Tageslicht und männliche Mitbewohner, also Hähne in der Herde. Trotzdem teilen sich sechs Biohennen einen Quadratmeter Stall, aber es gibt für jedes Tier vier Quadratmeter Grünauslauf.

Pro Hektar landwirtschaftlicher Anbaufläche darf der Bauer nach der EU-Öko-Verordnung 230 Hennen halten, die Anbauverbände erlauben nur maximal 140 Hennen pro Hektar Anbaufläche.

Wo kommen die Biohennen her?

Soweit verfügbar, müssen die zugekauften Legehennen von ökologisch wirtschaftenden Betrieben stammen. Der Bedarf an Junghennen aus ökologischer Aufzucht kann mittlerweile zunehmend gedeckt werden. Wichtig ist, dass bereits die Junghennen unter den Bedingungen aufgezogen werden, unter denen sie später auch als Legehennen leben. Die zurzeit am Markt vorhandenen Legehennen sind nicht unbedingt für die ökologische Haltung geeignet. Sie sind auf Legeleistung gezüchtet, jedoch relativ anfällig für Krankheiten. Das ist von Nachteil, da die Legehennen auf den Auslaufflächen mehr Krankheitserregern ausgesetzt sind. Deshalb versucht man nun geeignete Rassen für die Haltung von Biohennen zu züchten bzw. auf alte Rassen zurückzugreifen, die schon fast in Vergessenheit geraten sind, weil sie sich für die Intensivhaltung nicht eignen.

Biohennen unter der Kunstsonne?

Biohennen haben – im Gegensatz zu den Kolleginnen in konventioneller Haltung – ein Recht auf Tageslicht. Aber auch in Ställen von Öko-Legehennen darf die Helligkeitsdauer durch künstliche Belichtung verlängert werden – wenn auch eingeschränkt. Laut Vorschrift muss der Landwirt den Hennen eine belichtungsfreie Zeit zur Nachtruhe von mindestens acht Stunden am Tag einräumen.

Kannibalismus – auch bei Biohennen?

In der ökologischen Haltung ist es verboten, den Tieren systematisch die Schnäbel zu kürzen. Tierschutz, Artgerechtheit und das Vermeiden von Schmerzen stehen im Vordergrund. Obwohl die Hühner ihr natürliches Pick- und Hackbedürfnis weitestgehend ausleben können, sind auch bei Öko-Legehennen Federnpicken und Kannibalismus ein Problem. Ein wesentlicher Faktor ist hierbei die Herdengröße. Hühner können sich maximal 50 Artgenossen merken. Sind mehr Tiere in einer Herde, treten soziale Spannungen unter den Hühnern auf.

Was pickt die Biohenne denn wirklich so?

Ökologisch gehaltene Legehennen sollen mit ökologischen und – wenn möglich – mit betriebseigenen Futtermitteln gefüttert werden. Die EU-Öko-Verordnung nennt aber keinen Mindestanteil für die Verwendung von hofeigenem Futter. Bei Verbänden ist erst ab 1000 Legehennen ein Mindestanteil von 50 Prozent – bei Demeter 80 Prozent – vorgeschrieben.

Der Anteil an konventionellen Futtermitteln soll sich in den nächsten Jahren schrittweise von jetzt maximal 15 Prozent bis zum Ende 2011 auf Null reduzieren. In der EU-Öko-Verordnung ist festgeschrieben, welche Futtermittel erlaubt bzw. verboten sind. Zum Beispiel sind Futtermittel, die Harnstoff oder synthetische Aminosäuren enthalten, untersagt, genau wie gentechnisch veränderte Futtermittel verboten sind.

Was bei Bioeiern verboten ist

Seit dem Jahr 2006 ist es generell – auch in der konventionellen Tierhaltung – verboten, Fütterungsantibiotika einzusetzen. Der Einsatz von Hormonen als Masthilfsmittel bei Lebensmittel liefernden Tieren ist EU-weit schon seit 1988 verboten. Weiterhin sind in der ökologischen Hennenhaltung Futtermittelzusätze, die den Eidotter gelber machen sollen, verboten. Als Futtermittelzusätze erlaubt die EU-Öko-Verordnung einen langen Katalog an Eiweißträgern bis hin zu Sojaschrot und Maniokwurzeln. Starke Einschränkungen gibt es hier wiederum nur bei den Anbauverbänden.

Was sagt Ökotest?

Laut Ökotest Jahrbuch 2007 bemängelte Ökotest bei einigen Bioeiern die starke Verschmutzung: »Deutlich zu dreckig fanden wir Eier, wenn sie zu mehr als einem Viertel mit Kot, Federn oder anderem Dreck beschmutzt waren«, so die Tester. Salmonellen oder Überschreitungen der Grenzwerte für den Umweltschadstoff Dioxin fanden die Tester nicht.

Also doch: »Billig-Bio« bei Eiern?

Der Bioboom hat auch seine Schattenseiten: Treten Engpässe bei Biofuttergetreide auf, kann die EU mehr konventionelles Futter für Biolegehennen zulassen. Laut EU-Öko-Verordnung darf der Jahresdurchschnitt von 15 Prozent nicht überschritten werden. Inwieweit diese Vorgabe eingehalten wird, ist bei Experten umstritten. Im Jahr 2007 bekamen holländische Biolegehennen beispielsweise konventionell angebautes Soja ins Futter. Eine gefährliche Hintertür, über die auch gentechnische Verunreinigungen Einzug in Biolebensmittel erhalten können.

Eierfabriken auch bei Bio?

Kleine, idyllische Bauernhöfe mit ein paar Mistkratzern können die Nachfrage nach Bioeiern schon lange nicht mehr bedienen. Ein Bioplatzhirsch für Geflügel aus Niedersachsen etwa hält vier Millionen Legehennen, die täglich ihr Bioei legen. Bis zu 3000 »Biohennen« leben in einer Einheit, streng nach den Richtlinien der EU-Öko-Verordnung. Das Futter rollt per Fließband in den Stall, die Eier kullern auf einem anderen Band aus dem Stall hinaus. Computer regulieren Temperatur und Licht in den Ställen. Trotz aller Technik: Die Hennen scharren auch auf freien Flächen vor den Ställen. Wenn aber 3000 Hennen auf einer Fläche scharren, ist der Stress bei der einzelnen Henne trotzdem sehr hoch. Der größte deutsche Eierkonzern für Eier aus der Käfighaltung (Deutsche Frühstücksei GmbH) hat inzwischen auch den Biomarkt erobert. Durch eine Mehrheitsbeteiligung an der Eiervermarktung »Wiesengold Landei GmbH & Co. KG« wird der Konzern jetzt auch Marktführer für Bioeier. Möglich macht diese Entwicklung die EU-Öko-Verordnung. Durch einige Umbauten am Stall und eine verringerte Zahl der Legehennen pro Fläche wird die konventionelle Massentierhaltung im Handumdrehen zum Biostall – alles streng nach EU-Richtlinien.

Fazit – Eier

Wer Bioeier kauft, sollte ganz genau auf die Packung, das Etikett und den Eierstempel gucken oder gleich beim Bauern kaufen. Bioeier aus dem Discounter stammen in der Regel aus Bioagrarfabriken, die zwar die EU-Richtlinien einhalten – wirklich glückliche Hühner leben dort aber nicht!
Fragen Sie auch auf dem Wochenmarkt genau nach, woher die Bioeier stammen, und beachten Sie den Eierstempel. Gerade hier wird oft Ware zugekauft.

Fisch: Frisch von der Angel?

Fisch und Meeresfrüchte sind nicht nur schmackhaft, sondern auch ausgesprochen gesund. Im Durchschnitt verspeist jeder Deutsche etwa 14,8 Kilogramm Fisch pro Jahr. Ernährungsexperten empfehlen den regelmäßigen Verzehr von Seefisch, um die Jodversorgung sicherzustellen. Fisch enthält aber auch hochwertiges Eiweiß, reichlich Vitamine und wertvolle Fettsäuren. Besonders fettreiche Kaltwasserfische wie Hering, Makrele und Lachs enthalten wertvolle Omega-3-Fettsäuren. Diese Fettsäuren können den Blutdruck senken, die Fließeigenschaften des Blutes verbessern, und sie senken das Herzinfarktrisiko. Fisch ist für viele Menschen aber auch einfach eine wohlschmeckende Alternative zu Fleisch.

Wie Fische in Seenot geraten

Die Weltmeere sind in vielen Regionen weitgehend leer gefischt. Immer mehr Fischbestände stehen vor dem Zusammenbruch. Die Welternährungsorganisation (FAO) schätzt, dass mittlerweile 75 Prozent der kommerziell genutzten Fischarten überfischt sind oder am Rande der Überfischung stehen. Das heißt, es werden mehr Fische gefangen, als nachwachsen können. In der Nordsee sind 77 Prozent der kommerziell genutzten Fischbestände betroffen; in der Ostsee 75 Prozent. Auch so beliebte Fischarten wie Kabeljau/Dorsch, Scholle und Seezunge sind überfischt. Weltweit wird nach der Maxime gefischt: Wer zuerst kommt, fischt zuerst – und wer nicht zugreift, überlässt den Fang dem Nächsten. Verschärft wird diese Situation durch den enormen Beifang in der modernen Fischerei.

Beifang – Meerestiere als Abfall

Als Beifang bezeichnet man Fische und Meerestiere, die in den Netzen landen, aber nicht verkauft werden können. Sie werden meist tot oder halbtot wieder ins Meer zurückgeworfen. So ist beispielsweise 80 Prozent eines Fangs in der Seezungenfischerei Beifang. Hierzu zählen auch jugendliche Seezungen oder Schollen, die nicht vermarktet werden können. Nach Schätzungen der FAO werden jährlich etwa 90 Millionen Tonnen Meeresfisch und 30 Millionen sonstige Meerestiere als Beifang unnötig getötet. Dazu gehören – nach Greenpeace-Schätzungen – unter anderem etwa 650 000 Robben und Wale pro Jahr. Da große Fangschiffe in der Regel auf die Verarbeitung von einer oder weniger Fischarten spezialisiert sind, gehören dann auch alle anderen Speisefische zum nicht erwünschten Beifang und werden über Bord entsorgt – ein unglaublicher Raubbau am Ökosystem Meer.

Besonders erschreckend ist der Beifang bei der tropischen Krevettenfischerei. Auf ein Kilo Krevetten kommen 10, manchmal sogar 20 Kilo Beifang an Fischen, Schlangen, Meeresschildkröten und anderen Meerestieren.

Nach einer Studie (2006) führender kanadischer Wissenschaftler drohen die Bestände kommerziell genutzter Fischarten bis Mitte des 21. Jahrhunderts komplett zusammenzubrechen, wenn so weitergefischt wird wie bisher. Weil Europas Meere leer sind, wird in der Ferne gefischt: Etwa die Hälfte aller in der EU verspeisten Fische wird importiert oder von der EU-Flotte außerhalb europäischer Gewässer gefischt. So wird das Problem der Überfischung auch in Entwicklungsländer importiert, die auf ihre Fischbestände als Nahrungsquelle dringend angewiesen sind.

Wann ist wild gefangener Fisch denn Bio?

Es gibt keine offizielle Biozertifizierung für wild gefangenen Fisch aus dem Meer, da seine Aufenthaltsorte und die Ernährung in der Regel nicht festzustellen sind. Es gibt aber eine gute Alternative: die MSC-Zertifizierung für wild gefangenen Fisch.

Im Jahr 1997 gründeten das Unternehmen Unilever (einer der weltweit größten Fischverarbeiter) und die Umweltschutzorganisation WWF (World Wide Fund for Nature) den »Marine Stewardship Council (MSC)«, als Antwort auf die weltweite Fischereikrise. Heute ist der internationale MSC eine unabhängige Organisation, die sich für Fischereireformen einsetzt, die sowohl die Fischbestände als auch das Ökosystem Meer schützen. Nur Fisch, der aus umweltgerechter Fischerei stammt, darf das Label für umweltverträgliche Fischerei tragen. Auch so beliebte Produkte wie Fischstäbchen erhält man inzwischen bereits MSC-zertifiziert.

Umweltschutzorganisationen wie Greenpeace kritisieren die Richtlinien des MSC jedoch als zu unentschlossen: Solange das MSC auch Fisch aus bereits überfischten Beständen zertifiziere (Hauptsache, es existiert ein Erholungsprogramm für die bedrohte Fischart) und Fisch zertifiziere, der mit hohem Beifang gefischt wurde, und solange die zerstörerische Grundschleppnetzfischerei vom MSC nicht untersagt werde, sei das MSC-Logo noch kein wirkliches Gütesiegel für Fisch, den man guten Gewissens verzehren könne.

Grundlage für die Vergabe des MSC-Zeichens

- Die Fischerei muss so gestaltet sein, dass Überfischung und Erschöpfung der Bestände vermieden werden. Die Bestände müssen sich nachhaltig erholen können.
- Die Fischerei muss das Ökosystem Meer berücksichtigen. Seine Struktur, Produktivität, Vielfalt und Funktionen dürfen nicht beeinträchtigt werden.
- Das Fischerei-Management muss auf die nachhaltige Nutzung des Meeres ausgerichtet sein.

Fast 400 Seafood-Produkte in 26 Ländern tragen inzwischen bereits das blaue Gütezeichen des MSC. Nach Schätzungen des Fischinformationszentrums in Hamburg sind in Deutschland etwa zehn Prozent des verbrauchten Fisches MSC-zertifiziert – mit steigender Tendenz.

Das MSC-Siegel finden Sie z. B. bei:

- Der Makrelenfischerei vor der Südwestküste Englands
- Westaustralischem Steinhummer
- Neuseeland-Hoki (Seehecht)
- Alaska Seelachs
- Herzmuscheln
- Themse-Hering
- Schottischem Kaisergranat

Fazit – MSC-zertifizierter Fisch

Die von MSC zertifizierten Fischereien werden immerhin regelmäßig kontrolliert. Auch wenn es noch viele Verbesserungsmöglichkeiten auf dem Weg zu einer nachhaltigen Fischerei gibt, ist das MSC-Siegel ein Schritt in die richtige Richtung – Bio ist das aber noch lange nicht!

Einkaufsführer Fisch
Die Öko-Checkliste für Ihren Einkauf

Gute Wahl! Nicht überfischt, gute Zucht, minimaler Umwelteinfluss

Fischart	Fanggebiet	Fangart
Alaska Seelachs	Pazifik	MSC
Alaska Wildlachs	Pazifik	MSC
Biolachs	Nordostatlantik	Zucht
Bioshrimps	Diverse Länder	Zucht
Eismeergarnele, Kaltwassershrimps	Nordostatlantik	wild
Forelle	Europa	Zucht
Heilbutt	Pazifik	wild
Hering	Nordostatlantik, Ostsee	MSC, wild
Sardine	Nordostatlantik	wild
Seehecht	Südafrika	MSC
Seelachs	Nordostatlantik	wild
Sprotte	Nordostatlantik, Ostsee	wild

Zweite Wahl! Probleme bei Zucht oder Fischerei

Fischart	Fanggebiet	Fangart
Alaska Seelachs	Pazifik	wild
Atlantischer Lachs	Schottland, Norwegen	Zucht
Bonito (Thunfisch)	Pazifik	wild
Dorade (Goldbrasse)	Mittelmeer	Zucht
Krabben	Nordsee	wild
Makrele	Nordostatlantik	wild
Miesmuscheln	Nordsee	wild, Zucht
Pangasius	Asien	Zucht
Pazifischer Lachs	Pazifik	wild
Schellfisch	Nordostatlantik	wild
Seehecht	Nordostatlantik	wild
Tilapia	Asien	Zucht
Wittling	Nordostatlantik	wild

Lieber nicht! Stark befischt. Zucht oder Fang belasten die Natur

Fischart	Fanggebiet	Fangart
Aal	Europa	wild, Zucht
Hai	Weltweit	wild
Heilbutt	Nordostatlantik	wild
Kabeljau	Nordostatlantik, Ostsee	wild
Leng	Nordostatlantik	wild
Rotbarsch	Nordostatlantik	wild
Schillerlocken/Seeaal (Dornhai)	Weltweit	wild
Scholle	Nordostatlantik	wild
Schwertfisch	Weltweit	wild
Seeteufel	Nordostatlantik	wild
Seezunge	Nordostatlantik	wild
Snapper	Diverse Länder	wild
Steinbeißer (Katfisch)	Nordostatlantik	wild
Tropische Shrimps	Diverse Länder	wild, Zucht

Quelle: WWF-Fischführer, 2006

Gut, dass es Aquakulturen gibt?

Seit Ende des 20. Jahrhunderts ist die Aquakultur, also die Haltung und Nachzucht von im Wasser lebenden Tieren und Pflanzen, der Lebensmittelsektor mit dem schnellsten Wachstum. Immer größer wird das Fischangebot aus Aquakulturen im Handel. Nicht nur Lachs, Shrimps und Forelle, sondern auch beliebte Mittelmeerfische wie Dorade (Goldbrasse) und Lubina (Wolfsbarsch) kommen inzwischen immer öfter aus der Zucht. Etwa 25 Prozent unseres Fischbedarfs wird zurzeit aus Aquakulturen gedeckt. Das ist einerseits gut, denn so werden die Wildfischbestände geschont, andererseits treten durch die vielen Aquakulturen auch wieder Umweltprobleme auf. Wie in jeder Massentierhaltung kommt es auch bei der Fischzucht durch die enge und intensive Haltung häufiger zu Erkrankungen der Tiere. Die Tiere werden dann mit Medikamenten wie Antibiotika behandelt. Das kann auch Folgen für die in der Nähe lebenden Wildfische haben, die zurzeit noch kaum erforscht sind. Die Netzgehege der herkömmlich wirtschaftenden Aquakulturen sind in der Regel mit sogenannten Anti-Fouling-Mitteln behandelt. Diese chemischen Stoffe sollen den natürlichen Bewuchs (Fouling) z. B. mit Algen verlangsamen, können aber die Umwelt mit Kupfersulfat belasten. Problematisch für die übrigen Meeresbewohner sind oft auch die Exkremente der Fische und Futterreste.

Aquakulturen gegen die Überfischung der Meere?

Fischfarmen gelten oft als die Lösung gegen die Überfischung der Meere. Experten sind hier aber anderer Meinung: Gerade Lachs-, Goldbrassen- und Wolfsbarschfarmen beschleunigen demnach die Überfischung der Weltmeere sogar. Der Grund liegt im sogenannten Eiweißtransfer. Um ein Kilogramm Lachs aufzuziehen, werden drei bis vier Kilo Fangfisch benötigt, die zu Fischmehl, also zu Fischfutter verarbeitet werden. Um den steigenden Bedarf an Fischmehl durch die Aquakulturen zu decken, stechen zusätzlich industrielle Fangflotten in See. Allein Peru, einer der wichtigsten Exporteure, verwandelt jährlich acht Millionen Tonnen Fisch in 1,8 Millionen Tonnen Fischmehl, wie aus einem Greenpeace-Bericht hervorgeht. Diese Fische könnten nicht nur die Bevölkerung mit Proteinen versorgen – ihre Verarbeitung verschmutzt obendrein massiv die Umwelt.

Biofisch – alles anders?

Der Anbauverband Naturland hat Mitte der 1990er Jahre damit begonnen, Richtlinien für die ökologische Aquakultur zu entwickeln. In mehr als 20 Ländern produzieren Aquafarmen inzwischen nach diesen Richtlinien. Auf dem Markt findet man z. B. Bioforellen aus Deutschland, Spanien und Frankreich, Biolachs aus Irland. Bioshrimps kommen aus Ecuador, Peru, Brasilien, Vietnam, Thailand und Indonesien, Biotilapia aus Israel, Ecuador und Honduras usw.

Prinzipien der ökologischen Aquakultur

Wie im ökologischen Landbau ist auch in der ökologischen Aquakultur die artgerechte Tierhaltung oberstes Gebot. Die Tiere können ihrer Natur gemäß fressen, ruhen, sich bewegen und verhalten.

- Sorgfältige Auswahl der Standorte für die Anlagen, Schutz der umliegenden Ökosysteme.
- Vermeiden von Konflikten mit anderen Ressourcennutzern wie Fischern.
- Tiergerechte Besatzdichte (Anzahl der Tiere pro Fläche), um die Anfälligkeit für Krankheiten zu verringern.
- Kein Einsatz von Chemie, z.B. um das Algenwachstum auf den Netzen einzudämmen.
- Einsatz natürlicher Heilmittel und Behandlungsmethoden.
- Pflanzliche Futtermittel aus der Ökolandwirtschaft.
- Tierisches Futter muss aus der nachhaltigen Fischereiwirtschaft stammen. Es kann sich dabei um Verarbeitungsreste von Speisefischen aus der Konservenindustrie oder den Beifang kleinerer Küstenfischer handeln, der nicht verkauft werden kann. Es gibt keine eigene Fischerei zu Futterzwecken.
- Kein Einsatz von gentechnisch veränderten Organismen, weder beim Futter noch beim Fischbesatz.
- Die Verarbeitung erfolgt nach den ökologischen Richtlinien.

Mehr Bio-Durchblick beim Fischeinkauf?

Seit 2002 müssen alle frischen, gefrorenen oder geräucherten Fische, Matjes und rohe Garnelen laut Gesetz besser gekennzeichnet werden. Der Verkäufer muss klare Informationen zur Produktionsmethode, zur Handelsbezeichnung und zum Fanggebiet geben – entweder per Tafel oder Preisschild in der Fischtheke oder auf der Verpackung. Da es noch keine gesetzlichen Bestimmungen über die ökologische Aquakultur gibt, finden Sie kein Biosiegel auf Fisch und Fischprodukten. Ein aktuelles Ziel des Bundesministeriums für Verbraucherschutz, Ernährung und Landwirtschaft ist die Einführung eines Umweltzeichens – speziell für Produkte aus der Fischerei. Die ökologischen Anbauverbände wie Naturland oder Bioland haben bereits verbindliche Richtlinien für die ökologische Fisch- und Meerestierzucht erlassen. Karpfen, Forellen, Lachs, Shrimps und Muscheln aus zertifizierten Zuchten finden Sie im Biohandel.

Echter Wildlachs – eine Delikatesse?

Lachs war einmal eine echte Delikatesse, die auch ihren Preis hatte. Inzwischen werden Lachse auch als die »Schweine der Meere« bezeichnet. Hunderttausende der Edelfische werden in frei schwimmenden Netzen gemästet. Dabei wandert ein Chemiecocktail aus Antibiotika und Mitteln gegen Pilzkrankheiten und Fischparasiten in das Wasser. Üblich ist es auch, den Junglachsen Wachstumshormone zu spritzen, damit sie das Schlachtgewicht schneller erreichen. Kein Wunder, dass gerne versucht wird, dem Zuchtlachs mit klangvollen Namen ein besseres Image zu verpassen. »Echter Irischer Lachs«, »Wildwasserlachs«, »Fjord-Lachs«, »Baltiklachs«, »Atlantiklachs«, »Lachs superieur«, »Sibirischer Lachs« und ähnliche Bezeichnungen sind Fantasiebegriffe für Zuchtlachs aus der Massentierhaltung. Nur wo »Echter Wildlachs« draufsteht, ist auch echter Wildlachs drin – und Bio ist Zuchtlachs wirklich nicht.

Biofalle Fischkonserve?

In Bioläden und Biosupermärkten finden Sie auch meist ein großes Angebot an Fischkonserven in Dosen oder Gläsern. Hier lohnt es sich genau hinzuschauen, denn das Biosiegel suchen Sie auf den Verpackungen vergeblich. Der Fisch, der sich hier unter Öl, Gemüse- oder Tomatendressing versteckt, hat selten Bioqualität. Kabeljau und Thunfisch in den Konserven stammen nicht aus ökologischen Aquakulturen, sondern sind bestenfalls nachhaltig gefischt worden. Einige Anbieter verwenden nur Fische aus dem offenen Meer, da sie in der Regel weniger Schadstoffe enthalten als küstennah gefangene. Andere Anbieter setzen auf Fisch, der aus Fanggebieten stammt, die nicht überfischt sind. Aus ökologischer Sicht sind das sicherlich gute Ansätze, aber wirklich Bio ist der Fisch dadurch nicht. Lediglich bei den Zutaten ist man dann wieder konsequenter: Bio sind hier in erster Linie das Gemüse und die Zutaten wie Öl und Gewürze. Ausnahme: Lachs und Garnelen finden Sie auch bereits in Bioqualität.

Gentechnik auch bei Fischen?

Gentechnisch veränderte Fische gibt es bereits als Zierfische für das Aquarium zu kaufen. Mit schnell wachsenden Lachsen stehen auch die ersten für den Verzehr gentechnisch veränderten Fische an der Schwelle der Markteinführung. In verschiedenen Laboratorien vor allem in den USA, Kanada, Großbritannien, Norwegen und Japan sind etwa 35 Fischarten gentechnisch verändert worden. Ziel ist dabei ein schnelleres Wachstum, insgesamt größere Fische und eine bessere Widerstandsfähigkeit gegen Krankheiten. Eine kommerzielle Anwendung ist zurzeit noch nicht absehbar. (Zum Weiterlesen: www.transgen.de)

Fazit – Fisch

Fisch, das vermeintlich so natürliche Lebensmittel, erfordert viel **Durchblick beim Einkauf**. Viele Fische, Muscheln und Krebstiere werden überfischt. Es gibt **Fangmethoden**, durch die zusätzlich Haie, Robben, Wale, Delfine, Schildkröten und Seevögel sterben. Richten Sie sich nach den **Empfehlungen des WWF** und vertrauen Sie den **MSC-zertifizierten Fischprodukten** – das Zertifikat ist zumindest ein Anfang, auch wenn die Vorschriften bei MSC noch als zu lasch kritisiert werden. Bei Fisch aus **Fischfarmen** sollten Sie nach **ökologischen Aquakulturen** fragen, die weniger umweltbelastend sind.

Honig: Wie kann denn Honig Bio sein?

In einem Kilo Honig steckt viel Arbeit: Drei bis fünf Millionen Blüten müssen die Bienen dafür besuchen, dabei legen sie bis zu 100 000 Flugkilometer zurück. Bei ihrer Nektarsuche bestäuben die Bienen die Blüten von Wild- und Kulturpflanzen. Erst durch ihre Bestäubungsleistung wird der Anbau von Obst und Feldfrüchten ohne größere Ernteausfälle möglich. Außerdem erhalten sie durch ihren Fleiß die Vielfalt von Wildpflanzen. Honigbienen lassen sich aber nicht vorschreiben, welche Blüten sie besuchen und wo sie Pollen und Nektar sammeln. Auch Biobienen fliegen auf den konventionellen Acker und sammeln dort Pflanzenschutzmittel und gentechnisch veränderte Pollen mit ein. Denn ein Bienenvolk beweidet eine Fläche von 30 bis 100 Quadratkilometer.

Auch Bienen kommen auf die Weide

Bioimker wählen ihre Bienenweiden sorgfältig aus und meiden konventionelle Intensiv-Obstkulturen mit ihren nicht kalkulierbaren Rückstandsgefahren. Die EU-Öko-Verordnung schreibt vor, dass die Bienenweide im Umkreis von drei Kilometern überwiegend aus Pflanzen des Ökoanbaus, Wildpflanzen und aus Kulturen der extensiven Landwirtschaft besteht. Auch schadstoffausstoßende Industrie, Autobahnen und Müllverbrennungsanlagen dürfen sich nicht in der Nähe der Biobienenstöcke befinden. So soll gewährleistet werden, dass möglichst wenige Umweltschadstoffe in den Honig gelangen. Bienen reagieren aber sehr empfindlich auf chemische Spritzgifte und sterben oft schon, bevor sie ihre belasteten Pollen nach Hause tragen können. Laut Untersuchungen der Landesanstalt für Bienenkunde der Universität Hohenheim fanden sich bei neun Prozent des im Jahr 2006 untersuchten konventionellen Honigs aus Deutschland Rückstände eines Fungizids (Mittel gegen Pilzbefall) aus dem Rapsanbau und bei 14,6 Prozent Reste eines synthetischen Milbenbekämpfungsmittels, das in der Bioimkerei verboten ist.

Biohonig steht für die Arbeitsweise des Imkers

Für den Bau der Bienenwohnung, der sogenannten Beute, bevorzugen konventionelle Imker immer häufiger Styropor und Hartschaum. Auch die Wabenrähmchen und ein Teil des Wachses können hier durch Kunststoffe ersetzt werden. Bioimker bringen ihre Bienen dagegen in Bienenstöcken unter, die aus natürlichen Materialien wie Holz, Stroh oder Lehm bestehen. Bienenwachs ist der natürliche und beste Baustoff für den Wohnraum der Bienen und zur Aufbewahrung des Honigs. Bioimker unterliegen Richtlinien zur Reinhaltung des Bienenwachses und fördern den natürlichen Wabenbau der Bienen. Plastikwaben sind für Bioimker tabu.

In der normalen Imkerei ist es üblich, den Königinnen die Flügel zu stutzen, damit kein Bienenvolk vollständig ausschwärmt. Bioimker verzichten auf diese Maßnahme und nehmen den Verlust von Bienenvölkern in Kauf.

Gemäß EU-Öko-Verordnung darf Biohonig nur auf maximal 40 Grad Celsius erhitzt werden, damit die wertvollen Inhaltsstoffe nicht zerstört werden. Bei der Verarbeitung von konventionellem Honig gibt es hier keine Einschränkungen. Er wird gern hoch erhitzt, damit er flüssiger und damit leichter umfüllbar wird. (Ausnahme: Die Qualitätsrichtlinien des Deutschen Imkerbunds übersteigen die gesetzlichen Richtlinien.) Die Bioanbauverbände haben darüber hinausgehende Vorgaben bezüglich Frische, Überhitzung und Enzymaktivität aufgestellt.

Milben-Attacke

Ein großes Problem für unsere heimischen Honigbienen ist die sogenannte Varroa-Milbe, die aus Asien eingeschleppt wurde. Sie vermehrt sich in der Bienenbrut und gefährdet so das Überleben des Bienenvolkes. Bioimker dürfen die sonst üblichen chemisch-synthetischen Mittel gegen Varroa-Milben nicht einsetzen. Sie verwenden organische Säuren wie Milch-, Ameisen- und Oxalsäure, die auch in vielen Lebensmitteln natürlicherweise vorkommen.

Wird Biohonig auch kontrolliert?

Gesetzliche Grundlage für die Biobienenhaltung und die Honigverarbeitung ist die EU-Öko-Verordnung. Staatlich zugelassene Ökokontrollstellen überwachen die Einhaltung dieser gesetzlichen Bestimmungen. Die Kontrolle umfasst Bienen, Beuten (Wohnung der Bienen) und die Betriebsbücher. Außerdem werden Honig- und Wachsproben untersucht.

Finger weg von Billighonig!

Gerade Billigimporte aus Ländern wie China, Argentinien und Mexiko werden oft unter dem Einsatz von enormen Mengen an Pestiziden, chemisch-synthetischen Medikamenten und Antibiotika gewonnen, die sich dann als Rückstände im Honig wiederfinden. Der Honig wird teils unreif geerntet und deshalb hoch erhitzt, um den Wassergehalt zu senken, eine Honiggärung zu verhindern oder ihn leichter verarbeiten zu können. Das führt zum Verlust wertvoller Inhaltsstoffe.

Fazit – Honig

Kaufen Sie Honig von deutschen **Imkern aus Ihrer Region** und fragen Sie nach Bioqualität! So schmecken Sie nicht nur die Vielfalt der Natur Ihrer Heimat, sondern unterstützen auch die **Artenvielfalt** vor Ihrer Haustüre.

Literatur und Adressen zum Weiterlesen

Rund um Bio

aid infodienst e.V.: **Gentechnik im Einkaufskorb,** Broschüre, 2005, Bonn, **www.aid.de**

aid Infodienst e.V.: **Vom Acker bis zum Teller,** Broschüre, 2005, Bonn, **www.aid.de**

Bund ökologische Lebensmittelwirtschaft: **25 Antworten zum Stand des Wissens rund um Öko-Landbau und Biolebensmittel,** Broschüre, 2007, Berlin, **www.boelw.de**

Informationen zur Öko-Bilanz: Öko-Institut e.V., Darmstadt/Freiburg, **www.oeko.de**

Der Quarks & Co Ökorechner: **www.quarks.de**

Der kritische Agrarbericht, **www.kritischer-agrarbericht.de**

Die Geschäftsstelle Bundesprogramm Ökologischer Landbau hat zahlreiche Publikationen herausgebracht, die kostenlos zur Verfügung gestellt werden: **www.oekolandbau.de**

Informationen der deutschen Verbraucherzentralen zum Thema Ökolandbau findet man unter **www.allesoeko.net**

Bundesverband Naturkost Naturwaren Herstellung und Handel e.V., **www.n-bnn.de**

Anbauverbände

In bio veritas: Wein aus ökologischem Anbau, ECOVIN, Bundesverband Ökologischer Weinbau e.V.: **www.ecovin.de**

Bioland e.V.: **www.bioland.de**

Demeter e.V.: **www.demeter.de**

Naturland e.V.: **www.naturland.de**

Gäa e.V.: **www.gaea.de**

Biokreis e.V.: **www.biokreis.de**

Biopark e.V.: **www.biopark.de**

Ecoland e.V.: **www.ecoland.de**

Verbraucheraufklärung und Warenkunde

aid infodienst e.V., mit Förderung des Bundesministeriums für Verbraucherschutz, Ernährung und Landwirtschaft, **www.was-wir-essen.de**

Foodwatch e.V., gemeinnütziger Verein zur Beratung und Information von Verbrauchern auf dem Gebiet der Agrar- und Lebensmittelproduktion, des Handels und des Absatzes von Verbrauchsgütern, **www.foodwatch.de**

Verbraucher konkret: Lebensmitteleinkauf, Themenheft der Verbraucher-Initiative e.V., **www.verbraucher.org**

Verbraucherzentrale, **www.verbraucherzentrale.de**

Verein für unabhängige Gesundheitsberatung e.V. (UGB), **www.ugb.de**

Greenpeace/Einkaufsnetz, **www.greenpeace.de**

Ökomonitoring, 2006, Die Chemischen und Veterinäruntersuchungsämter in Baden-Württemberg, **www.cvua-stuttgart.de**

Qualität und Sicherheit von Bioprodukten, 2006, Frankfurt am Main, Forschungsinstitut für biologischen Landbau (FIBL), Schweiz, Deutschland, Österreich, **www.fibl.org**

Lebensmittel

Der große Einkaufsratgeber 2007, Jahrbuch Öko-Test, Sonderheft der Zeitschrift Öko-Test, »Essen, Trinken und Genießen«

Wolfgang Römmelt: Bio-Wein, Mondo Verlag Heidelberg, 2007

Annette Sabersky, Jörg Zittlau: **Die großen Ernährungslügen,** Knaur Verlag München, 2007.

Tierschutz

Naturschutzbund Deutschland e. V., **www.nabu.de**

Deutscher Tierschutzbund, **www.tierschutzbund.de**

Naturschutzorganisation WWF (World Wide Fund for Nature), **www.wwf.de**, neben Informationen zum Klimaschutz, Landwirtschaft und der Fischerei gibt es hier auch einen CO_2-Rechner.

Register

Natürlich **gesund**
mit Knaur

Dr. Robert M. Bachmann
Säure-Basen Kursbuch
144 Seiten
978-3-426-64305-1

Astrid Schobert
Zusatzstoff-Ampel
112 Seiten
ISBN 978-3-426-64551-2

www.knaur-ratgeber.de

Zur Autorin

Dipl. oec. troph. Astrid Schobert arbeitet als freie Referentin und Journalistin für Ernährungsfragen. Ihre Schwerpunkte sind dabei die Themen Verbraucherschutz (BSE, Schadstoffe, Lebensmittelbestrahlung) sowie Lebensmittelkunde

Wichtiger Hinweis

Die im Buch veröffentlichten Ratschläge wurden von Verfasserin und Verlag mit größter Sorgfalt erarbeitet und geprüft. Eine Garantie kann jedoch nicht übernommen werden. Ebenso ist eine Haftung der Verfasserin bzw. des Verlages und seiner Beauftragten für Personen-, Sach- oder Vermögensschäden ausgeschlossen.

Bibliografische Information der Deutschen Nationalbibliothek

Die Deutsche Nationalbibliothek verzeichnet diese Publikation in der Deutschen Nationalbibliografie; detaillierte bibliografische Daten sind im Internet über http://dnb.d-nb.de abrufbar.

© 2008 Knaur Ratgeber Verlag
Ein Unternehmen der Droemerschen Verlagsanstalt
Th. Knaur Nachf. GmbH & Co. KG, München
Alle Rechte vorbehalten.

Das Werk einschließlich aller seiner Teile ist urheberrechtlich geschützt. Jede Verwertung außerhalb des Urhebergesetzes ist ohne Zustimmung des Verlages unzulässig und strafbar. Das gilt insbesondere für Vervielfältigungen, Übersetzungen, Mikroverfilmungen und die Einspeicherung und Verarbeitung in elektronischen Systemen.
Es ist deshalb nicht gestattet, Abbildungen dieses Buches zu scannen, in PCs oder auf CDs zu speichern oder in Computern zu verändern oder einzeln und zusammen mit anderen Bildvorlagen zu manipulieren, es sei denn mit schriftlicher Genehmigung des Verlages.
Bei der Anwendung in Beratungsgesprächen, im Unterricht und in Kursen ist auf dieses Buch hinzuweisen.

Projektleitung: Kathrin Gritschneder
Redaktion: Dorothea Steinbacher
Bildredaktion: Sylvie Busche (Ltg.), Tanja Lex, Markus Röleke
Illustrationen: griesbeckdesign (Umschlag), FinePic (Innenteil)
Herstellung und Layout: Dagmar Guhl
Satz und DTP: Gaby Herbrecht, Mindelheim

Umschlaggestaltung: griesbeckdesign, München
Druck und Bindung: Firmengruppe APPL, aprinta druck, Wemding

Printed in Germany

ISBN 978-3-426-64820-9

5   4   3   2   1

Bitte besuchen Sie uns auch im Internet unter der Adresse:
www.knaur-ratgeber.de

Weitere Titel aus den Bereichen Gesundheit, Fitness und Wellness finden Sie im Internet unter: **www.wohl-fit.de**